todo
sucede
por una razón

todo sucede por una razón

Amor, libre albedrío, y las lecciones del alma

Por Suzane Northrop

NorthStar2, SRL.
Casilla de correo 870 Nueva York, NY 10024
www.NorthStar2LLC.com
DERECHOS RESERVADOS © 2014
POR NorthStar2, SRL

Todos los derechos reservados. Ninguna parte de este libro puede ser reproducida mediante procesos mecánicos, fotográficos o electrónicos, ni mediante una grabación fonográfica; no podrá ser almacenado en sistemas de recuperación, ni transmitido o copiado para uso público o privado—salvo que sea para un "uso justo", como ser citas breves embebidas en artículos y revisiones, sin previa autorización escrita por parte del editor.

La autora de este libro no brinda consejos médicos ni prescribe el uso de ninguna técnica como forma de tratamiento para problemas médicos o físicos, tanto directa como indirectamente. El objetivo de la autora es, únicamente, ofrecer información de naturaleza general para ayudarlo en su búsqueda de bienestar emocional y espiritual. En caso de utilizar la información de este libro para usted mismo, lo cual es uno de sus derechos constitucionales; ni la autora ni el editor asumirán responsabilidad por sus acciones.

Información CIP disponible de la Biblioteca del Congreso

ISBN 978-0-615-98979-2

Primera impresión, Julio 2014
IMPRESO EN LOS ESTADOS UNIDOS DE AMÉRICA

Le dedico este libro a
hazel katherine watson
y
dorothy e. edison,
mis amadas abuelas

todo sucede por una razón

contenidos

prefacio
ix

reconocimientos
xv

introducción
1

capítulo uno
"haciendo contacto"
5

capítulo dos
comprendiendo la vida después de la muerte
~ la muerte es un nuevo comienzo ~
51

capítulo tres
el programa de límites explicado
67

capítulo cuatro
el concepto del libre albedrío
87

capítulo cinco
cada alma tiene un programa
115

capítulo seis
el proceso del duelo
~ LA HISTORIA DE DINO ~
143

capítulo siete
cómo las almas se encuentran las unas a las otras
169

capítulo ocho
perdiendo a un padre
~ madres e hijas, padres y hermanos ~
181

capítulo nueve
padres y hermanos
~ la pérdida de un hijo ~
195

capítulo diez
esposos, amigos… y también mascotas
213

en conclusión
239

sobre la autora
243

prefacio

Hay un espectáculo más grande que el del mar, y es el del cielo; hay un espectáculo más grande que el del cielo; y es el interior de un alma.
— Victor Hugo

Ya sea que ciertos patrones repetitivos nos hagan seguir un camino negativo, o que la toma de decisiones nos lleve en una dirección positiva, independientemente de que esté sediento por comprender el motivo por el cual ocurren ciertas cosas, o que esté luchando por resolver sus problemas de amor y pérdida—generalmente todo lo que nos desafía, brinda apoyo o simplemente cambia la forma en que vivimos—ocurre por una razón. Y, por más que la razón pueda no ser clara para nosotros en un principio, la mayoría de las veces tiene que ver con la lección o lecciones que nuestras almas deben aprender para poder avanzar hacia la siguiente etapa de desarrollo espiritual.

Como humanos, siempre quisimos obtener las respuestas a nuestras preguntas sobre la vida y la muerte: ¿Existe un Dios? ¿Por qué la vida está tan llena de caos y dolor? ¿Cómo puedo yo alcanzar la satisfacción constante en mi vida? ¿Para qué estamos todos aquí? ¿Existe vida después de la muerte? Hasta ahora, la muerte ha sido un "gran misterio".

Inevitablemente, todos sufriremos la pérdida de un ser querido en algún momento de nuestras vidas, y la naturaleza de esa pérdida—cuándo ocurre, a quién perdimos, cómo era nuestra relación con esa persona en vida, y cómo elegimos sobrellevar esa pérdida—determinará la naturaleza de nuestro duelo y el tiempo de proceso de duelo. Superar la pérdida de un ser querido siempre es una lección en sí misma y, algunas veces, es una lección que puede ayudarnos a reaccionar ante la importancia de muchos otros aspectos de nuestra propia vida. Aquellos que se han ido, los muertos, como los suelo llamar con amor, se brindan para ayudarnos, ya que se conectan desde el otro lado con sus mensajes de amor y apoyo. Ahora, lo que hagamos con esos mensajes, depende exclusivamente de nosotros. En casi todos los momentos de nuestras vidas nos encontramos tomando decisiones. El libre albedrío y las elecciones aún son nuestras.

La misión de nuestra alma, cuando se encarna en forma humana, es elevarse a un nivel espiritual más alto. Es por esto que nos ha sido otorgado el regalo divino del libre albedrío en lo que se refiere al camino que tomamos aquí en la tierra para cambiar nuestros pasos y aumentar el conocimiento de nuestros yo espirituales. Intentar vivir nuestras vidas de forma responsable es, tal vez, la tarea más desafiante de todas. Nos convertimos en maestros al momento de distraernos iniciando causas, buscando nuevas filosofías o haciendo campañas para cambiar el mundo en lugar de mirar hacia nuestro interior y tratar de cambiarnos a nosotros mismos. Es muy fácil delegar la responsabilidad de aprender las lecciones del alma relacionadas con el amor incondicional, la compasión, la comprensión, la paciencia y el perdón a otra persona, ya sea un ser amado, un maestro o un gurú.

No se confunda; todas las personas que hoy se encuentran en su vida así como también aquellas que han pasado por ella, se han acercado a usted, o usted a ellos para aprender algún tipo de lección. Quisiera que comprenda, como lo hago yo, que no existen coincidencias. Todos estamos aquí por alguna razón. No estamos aquí por azar o por elección del universo. Cada uno forma parte de una de las más grandes "escuelas espirituales" ofrecidas para la evolución del alma. Y con esto en mente, puedo afirmar que cada persona y situación—ya sea difícil, confusa, alegre o iluminadora—se presenta por alguna razón. Podemos no entender el motivo hoy, mañana o en una década. Todo lo que necesitamos saber es que todas las situaciones por las que pasemos, tienen un motivo de ser. Tenga la seguridad de que, en algún punto, siempre tendrá la oportunidad de comprender y entender, aunque no necesariamente sea de inmediato.

En "Todo sucede por una razón", hablaré sobre cómo las decisiones que tomamos—antes de nacer, durante nuestra vida y después de la muerte—afectan no solo nuestras vidas, sino también las de las personas que amamos. Hablaré sobre cómo los diferentes tipos de muerte pueden afectar la vida de los que quedan aquí, y cómo los muertos y los que viven pueden ayudarse mutuamente a sobrellevar la pérdida y continuar. Comentaré las formas en las que aquellos que han sufrido pérdidas similares—de un hijo, hermano, padre o amigo cercano debido a dolencias, enfermedades duraderas, suicidio, tragedias, accidentes o causas naturales—parecen reunirse para aprender y brindarse apoyo a través de un vínculo de energía física que he visto demostrado en mis talleres y sesiones, una y otra vez. Y también, para ilustrar mis puntos, les contaré historias personales que algunas personas, muy amablemente, me permitieron compartir sobre los mensajes de sanación de sus muertos.

Es mi deseo que usted, a medida que lea este libro, crezca en el conocimiento de la vida después de la muerte—el "más allá"—y de cómo cada alma crea su propio programa para aprender las disciplinas clave. Que usted realmente aprenda que el amor nunca muere. Que sepa que la energía de un ser amado es inagotable y permanece con usted para apoyarlo en su propio viaje espiritual. La energía de la persona solo cambia en su apariencia. A medida que termine este libro y comprenda el "programa para el alma", explicado en las próximas páginas, espero que tenga más paz en su corazón, sabiendo que todo lo que acontece en la vida de un alma, ya sea en este plano o en el siguiente, ocurre por una razón y está allí para ayudar al alma a completar su programa único de aprendizaje. Y, el corazón de este programa es siempre el poder del amor.

He escuchado decir que la muerte es el único momento donde finaliza la agonía. No solo creo que esto es verdad, sino que llegué a comprender por qué lo dicen. Agonizar en este nivel significa que ha completado lo que vino a hacer en este cuerpo, esta forma, y este momento. El alma no tiene principio, ni final. Solo tiene experiencias acumuladas. Se encuentra en un viaje constante de evolución. El alma actúa como una conciencia impresionante, su cuerpo espiritual, su esencia invisible—su parte eterna que anhela proyectar amor, sabiduría, cuidado, compasión, paz y sanación.

Todos tenemos un programa para el alma, y los muertos están allí para ayudarnos a avanzar en ese programa. El amor sobrevive a la muerte y continúa, especialmente el amor profundo. Es en esa atmósfera de amor que los muertos quieren conectarse y ayudarnos. La muerte es solo una parte del drama cósmico. ¿No cree que sea momento de conocer lo que su programa para el alma le pueda enseñar como último conector entre usted como ser humano y el universo?

todo sucede por una razón

reconocimientos

Respetuosamente quiero agradecer a todos los que me han dado el privilegio y el honor de conectarme con sus seres queridos que han fallecido, y a aquellos que tan generosamente han compartido sus historias personales. Ustedes son los héroes, por levantarse cada día para enfrentar con fortaleza y coraje sus pérdidas. No tengo más que el máximo respeto por todos ustedes que siguen en sus viajes.

Quisiera agradecer a mi familia y amigos, que siempre han estado allí para apoyarme. Para nombrar a algunos: Sheri Cohen, Libby Jordan, Richard Hein, Faith Busby, Terry y James Platz, Thomas Braccaneri, Ray Preisler, Cindy Northrop, Dennis McMahon, Eileen Krieger, Denise Goldberg, Eleanor Honig Skoller, Bobby Four, Tony Fusco, Dennis Assinos, Toni Moore, Billy Degan, y John Holland.

He tenido el honor de trabajar y de recibir el apoyo de algunos de los mejores de la radio y la televisión: Gary Craig, WTIC, estuvo desde el principio, y Bob Wolf, WPIX, quién se metió en problemas el 11/9 para apoyar mi trabajo. Asimismo, Steven Harper, Matty Seigel, y Robin King. También quiero reconocer a las personas maravillosas que conocí en todas las ciudades a las que viajé, que fueron más que amables al reconocer mi trabajo.

Existen personas que están en la tierra con la misión de dar un paso más allá, si no, para marcar una diferencia—aquellas personas que se meten en situaciones complicadas o se aventuran para impactar al mundo con un cambio positivo. Este grupo de personas caminan un camino de coraje y generalmente arriesgan su reputación, invitan al ridículo y provocan comentarios de que están "chiflados". Personalmente le agradezco a aquellos que he tenido el honor de trabajar con: el Dr. Gary Schwartz por dar un gran salto al crear documentación substancial donde probaba que los "muertos" hablan; Linda Russet por seguirla en los zapatos de su padre con el deseo de encontrar la verdadera respuesta a la pregunta de si existe vida después de la muerte, o si simplemente morimos; el Dr. Mimi Guarneri, quien da un paso más allá del cuidado físico de los corazones de las personas, para reconocer que alguien puede morir por un corazón roto, y que sanar un "corazón roto" no solo implica curar el cuerpo, sino también la mente y el alma; y el Dr. Bridget Duffy, quien está siempre pensando en diferentes formas de compartir con el mundo la importancia de conectarse con los seres queridos que han cruzado.

A Chad Edwards, mi editor—no existen palabras para expresar que trabajar contigo no es trabajo en absoluto, sino una danza de pasión que siempre ayuda a que mi voz y mis palabras continúen hablando.

Linda Manning, que me sorprende constantemente por cómo se preocupa de manera sincera por cada cliente que habla con ella. Es una enviada de Dios… y mi brazo derecho e izquierdo.

También agradezco a Melanie Burns, quién se ocupó y me apoyó en mi viaje. Gracias desde lo más profundo de mi corazón.

A Aileen, no puedo imaginar mi vida sin ti. Eres la luz al final de todos mis túneles.

Y siempre, mi humilde agradecimiento y gratitud a los muertos, quienes me han enseñado una y otra vez una gran lección… la vida y el amor son eternos.

introducción

Durante 25 años he estado trabajando como médium y he llegado a disfrutar de una reputación internacional por mi integridad, precisión y responsabilidad. Mi primera experiencia visitando a los muertos fue a los 13 años cuando mi abuela, quien había fallecido recientemente, vino a verme. A veces me preguntaba por qué otras personas tenían tantas dificultades con algo que parecía tan natural y que ni se me ocurría cuestionar.

En los siguientes años, me encontré orquestando una vida con personas que me animaban continuamente a aceptar y apreciar el poderoso don con el que había sido bendecida. A medida que pasaba el tiempo, con su ayuda y mi creciente sentido de comodidad con mi "llamado", llegué a comprender que mi capacidad de conversar con los muertos era mucho más que lo que algunos definen como anormalidad.

Comencé a ver que tenía la obligación de utilizar esta habilidad para ayudar a otras personas a que se comunicaran con sus seres queridos porque de eso se trata el hecho de hablar con los muertos—AMOR. No solo de nuestro amor por aquellos que se han ido, sino también del de ellos por nosotros. No solo de nuestra necesidad de comunicarles mensajes de amor, sino también de su deseo de comunicarnos sus mensajes de amor y vida. He llegado a comprender que ese es el motivo por el que los muertos se han esforzado para que los conozca. No era porque disfrutaban de mi compañía o porque intentaban hacerme ver como una loca; sino porque sabían que era un conducto receptivo, y que tenía la capacidad de expresar sus mensajes a sus seres amados en este plano. Todo sucede por una razón.

Lo que he descubierto en estos años es que los muertos necesitan hacernos saber que están bien. Quieren que sepamos que si sufrieron, el dolor se fue; que si estaban enfermos, ahora están sanos; que si había un distanciamiento entre ellos y nosotros, por parte de ellos, ha sido solucionado. Es su trabajo decirnos esto para poder liberarse, y es nuestro trabajo escuchar—aprender a escuchar en un sentido más amplio. Es desde el amor profundo que tienen para nosotros que quieren enseñarnos a dejarlos ir, y a continuar lo mejor que podamos aprendiendo las lecciones de nuestro programa para el alma.

A medida que continúa valientemente examinando la relación entre aquellos que se han ido, su alma y su propio programa para el alma, creo que comenzará a notar que vive en una existencia dual. Hay dos partes en juego aquí. Una parte es la personalidad y todas sus expresiones terrenales. Pero somos mucho más que nuestra personalidad, y es allí donde se encuentra la parte que es superior, infinita, invisible e inconmensurable—su *Yo-Alma*.

La personalidad actúa como una máscara. Es importante que aprenda que la personalidad del ser humano es el actor en la etapa del drama humano. El propósito de la personalidad es crear experiencias para nuestras almas de modo que podamos tener la oportunidad de aprender las lecciones diseñadas por nuestro programa para el alma. Elegimos las personalidades que mejor nos servirán de acuerdo al programa para el alma de cada individuo. Las personas que elegimos como padres, y sus personalidades, también influyen en nuestras personalidades. Asimismo, la personalidad que uno aprende durante su vida quedará en el banco del alma. Si elegimos reencarnar, podemos recurrir a ese banco de aprendizaje para obtener apoyo para la vida en la que estamos ingresando. El programa en la tierra es difícil, pero es por eso que aprendemos tanto. Algunas veces el aprendizaje viene de la experiencia creada por la personalidad, y no por la persona. Cuando nacemos, nace la personalidad, y es la que nos acompañará en esa vida en particular. Y, dado que usted tendrá libre albedrío en cuanto a su personalidad, las elecciones del alma han sido definidas según el programa para el alma, para esa vida. Esto también explica por qué en una familia con muchos niños, pueden ser todos muy diferentes.

El alma es como un planeta del universo de vida cósmica al que llamamos alma de Dios, o súper-alma. Con el programa para el alma, tenemos la oportunidad de crecer y extender nuestra energía y conciencia para ser más parecidos a la súper-alma, o conciencia de Dios. A esto llamamos evolución del alma. No importa si usted es escéptico sobre lo que está por leer. Amo a los escépticos saludables. Lo que sé es que si se entrega a examinar las cosas que pasan en su vida y el motivo por el que ocurren, comenzará a ver, escuchar, tocar y sentir la vida desde una perspectiva totalmente diferente. Y así usted podrá conocerse tal y como es.

No puedo explicar ni personal ni científicamente cómo ocurre esta comunicación. Pero definitivamente sé por qué ocurre. El motivo—y probablemente repita esto una y otra vez en este libro—es la continuidad y el poder energético del amor. La continuidad del amor— nuestro, por aquellos que se han ido, y el de ellos por nosotros—es la base de lo que hago, y lo que he llamado "programa para el alma". Los científicos seguirán discutiendo, investigando y escribiendo sobre sus hallazgos, pero yo sé que aquellos que han fallecido no están "muertos" de la forma que solemos pensar sobre esa palabra. Seguro, no cenan con nosotros cada noche, no vuelven a casa del trabajo o la escuela cada día, no están físicamente compartiendo nuestras vidas, pero saben lo que nos pasa, y nosotros también podemos saber lo que les ocurre a ellos.

capítulo uno
"haciendo contacto"

*Todas las relaciones que tocan el alma nos llevan
a un diálogo con la eternidad; por lo que, por más
que pensemos que nuestras emociones fuertes están
enfocadas en las personas que se encuentran a nuestro
alrededor, estamos mirando cara a cara a la divinidad,
sin importar si comprendemos o hablamos ese misterio.*
— THOMAS MOORE

Si bien por ahora hablar con los muertos es, para mí, una experiencia totalmente natural, sé que para muchos de ustedes puede ser su primera incursión en esto, o, para aquellos que aún continúan en el aprendizaje, pueden existir preguntas. Para hacerles comprender, de manera más clara el motivo por el cual ocurren las cosas, querría comenzar haciendo una breve revisión de lo que sucede cuando me preparo para contactarme con ellos, de modo que usted pueda comenzar a comprender que esta comunicación proviene de una esfera superior.

Mi intención es, a lo largo del camino y en base a lo que pude experimentar, poder responder algunas de las preguntas que pueda tener sobre cómo hacer contacto, por qué se establecen los contactos, cómo ocurren las cosas, qué soluciones son posibles y cuáles lecciones se pueden aprender a través de algunos de los contactos. Intentaré ayudarlo a comprender por qué los contactos se realizan en la forma que se realizan y le daré ejemplos de los mensajes entregados por algunos seres amados que han cruzado al más allá. También hago esto porque quiero ayudarlo a darse cuenta de que, dado que está vinculado con sus seres amados que han cruzado al más allá—y ellos con usted—usted también tiene el poder para comunicarse.

La mayoría de nosotros, el 99 por ciento pensaría yo, que de pequeños hemos tenido alguna comunicación con el otro lado. Ya sabe, esos amigos imaginarios que eventualmente nos dicen que abandonemos porque "somos demasiado grandes para eso. ¿Qué pensará la gente?" Ellos nunca nos dejaron por más que nos enseñaron que debíamos alejarnos de ellos. Por lo tanto, este libro busca ayudarlo a comprender, a gran escala, y tal vez para algunos por primera vez, que puede reconectarse con la parte de sus seres que era inherente y natural para así poder conseguir las respuestas a las preguntas con las que ha estado viviendo.

Querría que tuviera en cuenta, mientras lee este libro que las limitaciones que podemos sentir son únicamente corporales y, en algunos casos, mentales, pero en lo que se refiere al espíritu en toda su magnificencia, no existen limitaciones. No hay nada que el espíritu, la conciencia del alma, no pueda lograr a través del amor. Estoy segura de que todos hemos tenido alguna experiencia donde no sabíamos lo que iba a ocurrir, y aun así, creíamos desde lo más profundo de nuestro ser que de alguna forma ocurriría, y así fue. Todos hemos tenido esos momentos en los que la "luz de la comprensión" aparece en lugares donde antes había oscuridad. Eso, para mí, es la belleza y el poder del viaje del alma. Sinceramente, ¡nada es imposible! Todo depende de cómo decida mirar las cosas, de cómo y qué crea. Siempre pienso que Albert Einstein lo dijo de la mejor forma: Existen solo dos formas de vivir su vida. Una es como si nada fuera un milagro. La otra es como si todo fuera un milagro.

Comencemos mirando los pensamientos de otras personas sobre "por qué todo ocurre por una razón", tomados del foro de mi sitio web.

PRIMERA OPINIÓN
Solo puedo contar lo que ha ocurrido muchas veces en mi vida. Con cada cosa que me ocurría en el viaje de mi vida, se volvía más claro para mí el motivo por el cual las cosas ocurrían como ocurrían; las elecciones que había tomado, las cosas que me ocurrían que estaban fuera de mi control, todo sucedía por una razón. Perdí a mi madre cuando tenía 25 años (y siete meses de embarazo). Estaba tan enojada y llena de ira,

que alejé de mi vida a muchas personas que me necesitaban. Casi pierdo todo lo que era importante para mí. Llegar a comprender que el "por qué" de los principales acontecimientos de la vida es, probablemente, la mejor oportunidad de crecimiento que cualquiera pueda tener. Puedo decirle que con el tiempo, todo se vuelve más claro y que debería enfocarse en las cosas positivas que le pasarán como resultado de los más importantes acontecimientos de su vida.

SEGUNDA OPINIÓN

Creo que todo ocurre por una razón, pero no necesariamente para usted. Con esto quiero decir que pueden ocurrirle sucesos muy conmovedores en su vida, pero puede que no sean para su desarrollo personal sino para el desarrollo de otra persona que está conectada a usted. Si alguien que usted ama muere, podría ser más importante que esa persona pase al siguiente nivel a que usted aprenda alguna lección valiosa mediante el dolor. No creo que Dios quiera que suframos de tal forma. Pero sí pienso que es necesario que nos separemos momentáneamente de aquellos a quienes hemos llegado a amar para que puedan continuar con sus caminos y para luego volver a encontrarlos.

TERCERA OPINIÓN

Hermana, te escucho cuando hablas sobre la búsqueda de los grandes "por qué". ¿Cuánto tiempo pasé tratando de comprender algunas cosas, acontecimientos, cambios en mi vida y experiencias? Por supuesto, las pérdidas tienen un gran impacto. Alguien una vez me dijo que a cada "¿por qué?" lo siguiera con un "¿por qué no?" y que viera a dónde me llevaba. Esto funcionaba a veces, otras veces no. Mi mentor espiritual también me enseñó a buscar rápidamente el "regalo" en cada situación. Esto con el tiempo, me ha ayudado inmensamente. El tiempo puede ayudar, creo yo, proporcionando distancia de la pérdida. La forma en la que cada uno sane dependerá de lo que cada uno haga con ese tiempo. En mi caso, yo suelo llegar a un punto en el que comprendo de alguna forma lo que ha sucedido y el motivo. Gracias por los comentarios. Es algo que seguiré explorando.

CUARTA OPINIÓN

Usted se encuentra en el camino correcto. La forma en la que logre sobrellevar los cambios de la vida, hará la diferencia. Si se capacita para buscar las cosas positivas en cada situación, no se atascará en preguntas como "hubiera", "podría haber", "debería haber", ya sabe, la famosa pregunta "¿qué hubiera pasado si...?". Un pensamiento positivo llevará a otro, y así sucesivamente.

QUINTA OPINIÓN

He llegado a la conclusión de que el "por qué" de que las cosas sucedan no es tan importante para las personas como lo es el "por qué no sucedió". Por ejemplo: "¿por qué no pudimos seguir enamorados?", o "¿Por qué no pudieron salvar a mi hermana en el accidente?" No hay verdad más grande que aquella que dice que no aprendemos nada de una vida llena de felicidad. Piense en las experiencias más desgarradoras y cuánto ha aprendido de ellas. Puede parecerle que fue un sufrimiento sin sentido y que el mundo distribuye su cuota de felicidad de manera injusta, pero esto no es verdad. Por ejemplo, tengo una hermana que tiene una carrera, una familia, trabajo y dinero. Muchos podrían pensar que lo tiene todo, pero pocos saben que perdió a su único hijo hace dos años. A través del duelo y la devastación, todos nos acercamos. Por supuesto, nunca volveré a ser el mismo, pero esto me hizo comenzar a vivir realmente, a no preocuparme por las pequeñas cosas de la vida que no son importantes. Usted tiene un proyecto, por más simplista que esto pueda parecer, usted elige su camino antes de que su alma llegue aquí. La gente hace demasiado en sus vidas. La vida es breve, pero prefiero tomarme las situaciones difíciles con calma, y tener el tiempo para disfrutar de lo que ya tengo. ¡Deje de preguntarse "por qué" y comience a preguntar "¿y ahora qué?" de una manera positiva!

Ya ve, esta pregunta—¿por qué las cosas suceden por una razón?—llega a la mente de todos en algún momento. Con eso, quiero compartir con usted cómo ocurre la conexión con el otro lado para que podamos comenzar nuestro viaje hacia la comprensión del alma y por qué creo que todas las cosas suceden por una razón.

conexión y entrega

Ya que voy a estar utilizando mi mente para "sintonizar", casi literalmente, una frecuencia que es bastante diferente de la que usamos cada día en nuestra comunicación verbal, es necesario que comience a "desconectarme" de la frecuencia terrenal con varias horas de anticipación.

Nuestro cerebro tiene dos hemisferios, cada uno gobierna modos específicos de pensar. El lado izquierdo del cerebro es lógico, racional y analítico, mientras que el derecho es intuitivo, aleatorio y holístico. Normalmente en todas las personas un lado está más desarrollado que el otro. Es por esto que algunas personas son excelentes en matemática y ciencias (lado izquierdo del cerebro) mientras que otros son más creativos y "artísticos" (lado derecho del cerebro). Ya que fui compositor y me capacité como músico, y déjeme decir que hay mucha matemática en la creación de música, siempre estuve más orientado hacia mi lado derecho del cerebro que hacia el izquierdo. Por lo tanto, cuando sé que me voy a comunicar con los muertos comienzo a bajar el volumen de mi parte lógica, o lado izquierdo del cerebro, y aumento mi parte intuitiva, o sea, el lado derecho del cerebro, como mínimo tres horas antes de comenzar el trabajo, para que llegado el momento de un retiro, sesión espiritista o grupal, ya haya estado en un estado alterado por algunas horas. El mismo proceso ocurre cuando doy charlas o seminarios. Tengo que ser muy consciente de la entrega, en el sentido de que debo hacerlo interesante y proporcionar explicaciones reales sobre lo que hago y cómo lo hago. Es, en definitiva, gran parte de lo que la gente quiere ver cuando asiste a mis charlas. Después de todo, este es mi trabajo, y como cualquier "trabajo", conlleva ciertas responsabilidades. Y estas responsabilidades son dobles cada vez que estoy en una sesión en la que me conecto. Los muertos también tienen sus responsabilidades. Pero explicaré esto en mayor detalle cuando lleguemos al capítulo sobre el programa de límites.

La mayoría de las veces, los muertos comienzan a hablar antes de que yo llegue al evento, pero ya no es un problema. (Existe un patrón familiar que siento cuando llegan. También hemos llegado a un "acuerdo" para saber cuándo estoy lista para "recibir") En el momento en el que ingreso a una sala, ya me encuentro en un estado alterado de recepción. Puedo parecer consciente de lo que estoy haciendo, pero ya que no estoy usando la conciencia de mi parte izquierda del cerebro, lo que recibo y transmito en ese momento, es automático. Debo prepararme para estar en ese momento, abierta a lo que pueda venir. Es aquí donde he utilizado mis conocimientos de improvisación con la música como apoyo. Para esto, uno debe sentirse cómodo con la espontaneidad. Debo venir de un lugar de entrega completa a la verdad y al espíritu, sin planificación, sin preguntas incisivas por parte de los asistentes. Esto explica por qué hablo rápido y algunas veces uso el humor o el ingenio para equilibrar la energía y que llegue, a través del mensaje, un elemento de amor. No es mi intención ni la de los muertos establecer una comunicación brusca y cruel. Recuerde que esto se trata de amor.

Los psicólogos o psiquiatras pueden hablar de lo que hago en términos freudianos como si estuviera entrando en un tipo de auto-hipnosis, aquietando el ego o la conciencia, la parte lógica y pragmática de la mente para permitir que el subconsciente deambule libremente. Podrá comprender un poco mejor lo que quiero decir si lo piensa de esta forma: piense en algún momento en el que estuvo haciendo algo tan concentrado que perdió la noción del tiempo. En algún punto estaba presente, pero estaba totalmente comprometido con lo que estaba haciendo. Algunos maestros dirían que estaba inmerso en el éxtasis— el lugar donde está totalmente abierto a lo que el universo tiene para ofrecerle. Lo cierto es que lo que sucede en ese lugar y con esa conexión es mágico, y es eso mismo lo que me sucede a mí. Estoy totalmente envuelta en frecuencias, o vibraciones de los muertos, y ellos están conmigo, por lo que nos podemos comunicar y entregar mensajes. (Hablaré más sobre el sincronismo vibratorio más adelante) Puede pensar en esto en los términos que le sean más cómodos, pero prefiero hablar de sintonizar y cambiar frecuencias porque lo que hago, al fin de cuentas, es ingresar y alinear mi mente con las vibraciones del otro plano, casi como si fuera un tipo de transmisor y receptor de radio psíquico.

La energía crea vibraciones (y recuerde que la energía nunca muere), pero los diferentes niveles de energía crean diferentes vibraciones. Mientras estamos en este plano, estamos en nuestros cuerpos físicos, los cuales son densos y, por lo tanto, las vibraciones que emanan por nuestra energía, bajan. Cuando morimos y dejamos nuestros cuerpos físicos, estas vibraciones se elevan a una frecuencia más alta y rápida, motivo por el cual la mayoría de las personas no pueden (o creen que no pueden) conectarse con ellas. De hecho, una sintonización de una radio podría ser una analogía perfecta. Si no está en la frecuencia correcta, obtendrá mucha estática y será difícil escuchar lo que el emisor está enviando; pero cuando acierta exactamente en la estación, las palabras o la música serán fuertes y claras.

Para poder establecer contacto con los muertos, debo elevar la frecuencia de mis vibraciones, y ellos— porque se quieren comunicar—deben bajar las suyas hasta que, efectivamente, todos estemos en la misma frecuencia. De hecho, yo actúo como el receptor de radio, recibiendo señales y transmitiéndolas a mis clientes. Es por esto que, mientras estoy en este estado alterado, hablo mucho más rápido y mi voz es más aguda que cuando hablo normalmente. Sin mencionar que es como una ópera y que todo el elenco intenta llegar al mismo tiempo para ofrecer su función (mensaje).

El hecho de que los muertos ya no tengan un cuerpo físico es importante, no solo por su cambio en la "frecuencia", sino que también afecta en que suelen comunicarse de manera electrónica, por ejemplo, encendiendo y apagando las luces, la radio o la televisión. Sin un cuerpo físico, solo son energía vibratoria y no corpórea. Enviar señales electrónicas de su presencia es una de las formas más efectivas que tienen para comunicarse. Este tipo de fenómenos ocurre, con más frecuencia, poco tiempo después que la persona ha fallecido, generalmente durante el primer año, pero también en fechas especiales, tales como el aniversario de su muerte. Si le sucede algo parecido, no se "asuste", ni se apresure a llamar a un electricista. ¡Puede ser su ser querido que lo esté llamado!

Aquí le mostraré algunos ejemplos:

Una de mis clientas me contó una historia particularmente conmovedora y remarcable sobre este tipo de comunicación "electrónica". Ella había perdido a una de sus hijas gemelas y, cada noche desde la muerte de su hija, la luz de la habitación de la hija sobreviviente se encendía y apagaba a su propio ritmo. Pero tanto la madre como la hija estaban tan acostumbradas a este fenómeno y se sentían tan confortadas por la comunicación nocturna que, al cabo de un tiempo, se volvió parte de sus vidas cotidianas. Sin embargo, luego de la tragedia del World Trade Center, mi clienta se entristeció tanto que entró en la habitación de la hija y le pidió al espíritu de la gemela que "por favor vaya y ayude a esas personas". Desde ese día, la luz dejó de encenderse y apagarse, hasta que, varios meses después, mi clienta comenzó a extrañar las comunicaciones de su hija y le pidió que volviera. Al poco tiempo de hacerle este amoroso pedido, la luz comenzó a encenderse y apagarse nuevamente.

Otra clienta me contó que cuando falleció su esposo, y padre de sus hijos, la familia quería incluir en el ataúd con él algunos elementos que eran representativos de su personalidad. Además de agregar sus zapatillas de tenis y sudaderas junto con su traje y corbata, todos sabían que estaría perdido sin su control remoto. Así, colocaron también el control remoto que siempre tenía en su mano o dejaba en la tumbona más cercana. Todos los que fueron al funeral dijeron que ver a Ed sosteniendo su control remoto era realmente divertido y un gran indicador de su personalidad. Esa tarde, cuando la familia y los amigos dejaron la casa luego del funeral, la esposa y los hijos se sentaron a "descansar" frente a la televisión. Estaban exhaustos y ya no tenían más palabras. Ya sabe, el silencio que queda cuando se encuentra solo por primera vez después de una pérdida. Tuvieron que encender la televisión "a mano" y estaban sentados sin hablar entre ellos. Todos tenían la mirada perdida mientras observaban la pantalla. De repente, la televisión se apagó. Luego, volvió a encenderse. Se volvió a apagar, y luego a encender. Todos se miraron descreídos, hasta que una ráfaga de risas estalló en la habitación. Sí, ellos sabían que Ed quería hacerles saber que todavía estaba allí y que aún tenía el control.

la comunicación y los comunicadores

Siempre mantengo las luces tenues para que nadie en la habitación sienta que es el centro de atención o que los demás lo están mirando, especialmente en sesiones espiritistas. También trato de hacerlo en conferencias y seminarios. Tenga en cuenta que parte de la información que voy a compartir a continuación es personal, y que, si bien no es normal que el objetivo de los muertos sea causar vergüenza, tal vez sí quieran causar un poco de diversión. Siempre comienzo recitando una oración. Para mí, orar es una forma de reconocer el poder superior que sé que existe, y agradecerle, tanto por los poderes que me han sido otorgados como por el libre albedrío para utilizarlos.

Para ese momento, los muertos suelen estar clamando para manifestarse y, algunas veces, la cacofonía de sus diferentes mensajes puede sentirse como un bombardeo psíquico desde las alturas. Piénselo de esta forma, en una sesión espiritista de seis a doce personas—el número normal—cada persona puede tener dos o más parientes o seres amados que intenten manifestarse. Otra forma de pensarlo es que tendrá de diez a doce niños tratando de captar su atención al mismo tiempo. Todos hemos pasado por eso.

Esto ocurre siempre en mis seminarios y conferencias, pero se volvió particularmente abrumador luego de los hechos acontecidos el 11 de Septiembre en Nueva York. Como sabrá, yo vivo allí y era mi hogar en ese momento. Recuerdo la sensación mientras esas fenomenales sacudidas eléctricas atravesaban mi cuerpo justo después de que cayeron las torres del World Trade Center (WTC). No es necesario que lo aclare, pero el bombardeo de aquellos que habían fallecido por querer hacer saber a aquellos que habían dejado atrás que estaban bien, fue apabullante.

Una mujer que asistió a una sesión espiritista luego del desastre del WTC no solo escuchó de la persona que había perdido, sino también de otras dos personas cuyos nombres ni siquiera conocía. Fue más tarde, cuando investigó sobre quiénes podrían ser estos sujetos, que descubrió que habían sido los mejores amigos de dos de sus amigos, que también habían fallecido ese día. Esta es, de hecho, la prueba más irrefutable de validación que un médium puede recibir. Si la mujer no sabía de la existencia de estas personas, ¿de dónde podría haber obtenido la información más que de los muertos mismos?

Ahora, por más que existan muchas almas que intentan enviar sus mensajes, suelen ser los mensajes de aquellas con personalidades más fuertes y determinadas (que son, generalmente, del mismo modo en sus vidas), los que llegan primero. Aquellos más tranquilos y retraídos deberán esperar su turno—pero tendrán su turno. Yo no soy quien controla esta situación, los muertos parecen disponer todo para que nadie quede sin comunicarse.

Comunicarse con los muertos no es como tener una conversación normal. No les puedo hacer preguntas y obtener oraciones completas y organizadas. Algunas veces solo recibo una palabra o una sensación física fuerte. También quiero aclarar que nunca vemos a los muertos de manera directa—sino periférica. Con esto no quiero decir que las personas no vean a los muertos, sino que la aparición es la última forma de conexión. La principal forma de comunicación de los muertos es a través de los sueños, porque el lado derecho del cerebro se encuentra en el primer plano cuando usted está relajado y no hay interferencias. Otra razón para esto es que en el ensueño usted no se sorprenderá por su aparición como lo haría si se "mostraran" cuando está despierto. Otras de las formas favoritas de comunicación son mediante la música, los niños, los animales y los olores. Suelen hacer contacto con las personas cuando están concentrados en actividades no lineales—cuando la parte izquierda del cerebro está en el "fondo". Ellos aman los automóviles y las radios.

Existen muchas personas que han experimentado todo tipo de comunicación a través de alguna forma de números. Como todos sabemos, los números tienen significados según la Biblia. Pero eso no es todo. Recientemente, un amigo cuyo padre había abusado verbalmente de su esposa e hijos, pasó por una cirugía por un cáncer de garganta. Su cirugía se realizó el mismo día que su mujer había muerto por cáncer, 20 años atrás.

A continuación encontrará una nota del foro de mi sitio web que también habla sobre la conexión a través de los números.

Asistí al seminario de Suzane en Seattle el 24 de Junio de 2002. El jueves anterior al seminario (que tuvo lugar un lunes por la noche) tuve la suerte de conectarme y hablar con Suzane durante una de sus entrevistas en radio.

Me tuvieron en espera por aproximadamente 25–26 minutos. Cuando ella atendió y me preguntó con quién me quería conectar, eran las 8:36 A.M. o 24 minutos para las 9 en punto y dije que quería conectarme con mi hijo. Entonces, comencé a mirar los números y encontré lo siguiente en relación con la hora:

- *Mi hijo había nacido el 24/9/68 y murió el 14/3/93.*
- *Todos los números estaban allí, salvo el número 14. Luego, se lo mostré a mi hermano de esta forma: 8:36, 24-9.*
- *Él dijo: suma 8 y 36, lo cual es 44*
- *Resta 9 de 24 = 15*
- *Suma 44 + 15=59... 5 + 9 = 14*

De la forma en la que lo pusimos en papel, no manipulamos demasiado los números para llegar a este resultado.

Luego, la semana pasada, estaba mirando a John Edward con mi esposa y le mencioné que me hubiera gustado preguntarle a Suzane cuál era el número que tenía en común con mi hijo. Cuando le pregunté a mi esposa si ella recordaba cuál era ese número, respondió: "Sí, era el 29". Me recordó que era nuestro número favorito en la ruleta y que la última vez que habíamos estado juntos en una ruleta antes de su muerte había sido en Reno, Nevada. No pasaron más de 15 segundos cuando un comercial que nunca había visto antes en la televisión publicitaba un precio especial para el producto que vendía. El costo aparecía en grandes números en la pantalla: $29.95. Aquí estaban, nuevamente juntos, los números 29 y 14.

Creo que mi hijo estaba justo allí escuchando nuestra conversación.

Probablemente, dado mi entorno musical, los mensajes que recibo son, principalmente, auditivos o fonéticos. Suelo escuchar el sonido de un nombre o una relación u otra característica identificadora. Algunas veces todo lo que escucho es el sonido de una "e", una "i", o una "f", o alguna señal fonética. El sonido de la "i" puede significar Iván, pero también puede significar Eileen. Muchas veces los nombres son clave para mí ya que me proporcionan una entrada para la conexión. Una vez que consigo la entrada y alguien valida el nombre, es como una puerta que permanece abierta para que el resto de la información la atraviese. No tengo idea de lo que significan, por lo tanto, los recibo y los transmito a quienes están sentados en la sala, depende de cada persona poder establecer una conexión con algún ser spiritual que sea importante para él. Generalmente, siguen con algo que apoye el nombre que intenta llegar: una situación, un artículo—algo heredado en la familia—algo único que el miembro de la familia o el ser amado pueda reconocer. También es muy común que nombren o traigan a una mascota. Es allí donde comienza a importar también la dinámica entre las personas de la sala. Suele suceder que hay personas con seres amados que tenían el mismo nombre, tipo de muerte, o género, y eso afecta la recepción de mensajes por parte de las personas en la sala.

Los muertos suelen hacerme sentir dónde se encuentra sentada la persona con la que están conectados, por lo que personalmente puedo señalar, aproximadamente, en la dirección de la persona con la que creo que debo hablar. Pero los asistentes suelen tener sus ideas al respecto. Así como hay espíritus que son más sociables o agresivos, también entre los vivos hay quienes están más ansiosos por "obtener" un mensaje que los demás. Algunas veces, existen personas que piensan que todos los mensajes—sin importar para quién creo que estén dirigidos—son para ellos. Otros, los más tímidos del grupo, pueden pensar que comprenden el mensaje pero se niegan a hablar y reclamarlo. Puedo sugerir que el muerto me está diciendo que se encuentra hacia mi izquierda, pero si el "reclamante" a mi derecha insiste, no hay nada que yo pueda hacer. Simplemente debo dejar que los vivos lo resuelvan por sí mismos.

De hecho, los muertos suelen ser mucho más disciplinados que los vivos. Luego de ese primer clamor ruidoso para captar la atención, parecen alinearse y esperar su turno para que pueda recorrer la sala y entregar sus mensajes con algún tipo de orden. Algunos muertos, particularmente ansiosos, pueden interrumpir de vez en cuando, y si hay un animal presente puede ladrar alrededor de los talones de los presentes, pero generalmente, una vez que se han ordenado, suelen ser muy amables.

En ocasiones sucede que el muerto él o ella, piensa que está brindando información identificadora única, pero la persona a la que intenta llegar simplemente "no lo capta". Muy a menudo, cuando esto sucede, es porque el que vive no está pensando lo suficientemente rápido, o está pensando demasiado. En una sesión espiritista reciente, había siete mujeres en la sala. Uno de los muertos me señalaba un cristal y me decía que era algo representativo para su ser amado. Como suele suceder, prácticamente todos reclamaban una conexión con el cristal. No había nadie que no tuviera la cristalería de su abuela o su tía, pero nadie creía que fuera demasiado significativo—hasta que finalmente, una vergonzosa, que había estado callada hasta el momento, sugirió tímidamente que tenía una gran colección de cristales de cuarzo y que algunos de ellos eran de calidad de museo. En ese momento, su ser amado me dijo que le dijera que había sido "mucho más inteligente" mientras estaba viva.

Cuando un muerto insiste en que su mensaje es importante, y la persona para la cual el mensaje está dirigido no lo reclama, no hay nada que yo pueda hacer sino "dejarlo" con la persona para la que creo está destinado, y confiar en que en algún momento se dará cuenta de ello. Sin embargo, algunas veces, otro muerto está conectado a esa persona y aparecerá para ofrecer más información que clarifique la confusión. El nombre Fred, por ejemplo, puede no ser significativo de inmediato, pero si aparece otro muerto que dice que su nombre es Eric, y que es el hermano, o hijo, o abuelo de Fred, entonces los dos nombres juntos pueden proporcionar la información necesaria para establecer la conexión. Como he dicho, los muertos suelen ser mucho más inteligentes que los vivos.

Recuerdo una tarde en que estaba de viaje, hace poco tiempo, que ilustrará mi punto sobre el hecho de hablar más fuerte.

Había sido una tarde realmente maravillosa en este seminario en particular, y estaba por finalizarlo cuando algo me llevó hacia el fondo de la sala donde había dos jóvenes sentados, uno al lado del otro. Estaba segura de que tenía un mensaje para ellos. Yo entregué la información que el muerto me daba, pero los dos se quedaron mirándome como si estuviera totalmente perdida. Ambos se miraron entre sí y dijeron que no tenían idea de lo que yo estaba hablando. Cada vez que intentaba irme para volver a la plataforma, el muerto me lo impedía, diciéndome que tenía que entregar ese mensaje y que no me dejaría volver hasta que fuera comprendido. Volví y les dije a los hombres que sabía que el mensaje era para ellos. Les di el nombre, les comenté sobre el cinturón del hombre que había sido heredado a un niño, y que había dos niños que se habían ahogado que ahora estaban con él. Se estaba volviendo gracioso tanto para los dos jóvenes como para el resto de la sala y para mí. Finalmente dije que solo quería entregar esa información y cuando comencé a girar una mujer sentada al lado de los dos jóvenes habló y dijo: "Era para mí. Era mi esposo". Me detuve y debo haber mirado como si alguien me hubiera abofeteado, porque toda la sala comenzó a reír. Les había estado hablando a los dos hombres por casi 15 minutos, negándome a irme, y el mensaje era para la persona que estaba sentada al lado de ellos, y no decía una palabra. Como yo estaba tan enfocada en entregarles el mensaje a ellos, ella no habló. No estaba con ellos, ni los conocía.

Por lo tanto, si usted cree que el mensaje que está llegando es para usted, dígalo.

Además de los mensajes auditivos que recibo, también "siento" sensaciones físicas, generalmente relacionadas con la causa de muerte de los muertos. Por ejemplo, puedo sentir una pesadez en mi pecho si alguien falleció como resultado de un ataque al corazón, o puedo sentir limitada mi respiración si la causa de muerte fue una enfermedad pulmonar. Estas sensaciones no son duraderas; vienen y se van rápidamente, y algunas veces sucede que no puedo asegurar que alguien haya muerto de una enfermedad pulmonar o si simplemente era un fumador compulsivo. También sucede que en ocasiones no distingo si la sensación en el pecho se debe al corazón o a los pulmones—aunque suelen ser sensaciones diferentes. Pero, una vez más, depende de los vivos captar y validar lo que yo siento.

También "veo" con los ojos de mi mente, es decir, recibo imágenes visuales tales como por ejemplo un hombre con uniforme, una niña pequeña con un vestido rojo o una joven con cabellos rubios. Muy a menudo, la imagen de una mascota en particular acostada o corriendo alrededor del muerto es la pieza de información que la persona en la sala necesita para asegurar que ese muerto le "pertenece". Pero ninguna de estas imágenes tiene nada que ver con lo que la gente piensa de los fantasmas que se materializan como hicieron George y Marian Kirby en las películas y series televisivas de Cosmo Topper.

Los fantasmas son las almas de los muertos que han elegido no dejar el lugar en el que estuvieron en la tierra o quienes, generalmente después de una muerte repentina o violenta, no aceptan el hecho de que están muertos y ya no tienen un cuerpo físico. Probablemente estas almas no creyeran en la vida después de la muerte, o el trauma de sus muertes las haya dejado desorientadas sin entender que están muertos. El alma no realiza una conexión consciente del hecho de que han dejado su cuerpo físico.

Un ejemplo de esto podrían ser los jóvenes que fueron asesinados en la Guerra Civil Americana. En los estados del sur, ha habido avistamientos por años en las áreas boscosas, hogares y graneros. Podría ser que estos jóvenes hubieran elegido muchos de estos lugares para ocultarse del enemigo cuando fueron asesinados. También se cuenta que sobrevuelan los campos de batalla. En otras palabras, están "atrapados". En primera instancia, el fantasma se encuentra en el lugar en el que quiere estar—según su libre albedrío—y permanecerá allí hasta que decida continuar. El espíritu es como el personaje (en ambos sentidos de la palabra) de la película Ghost, quien decide, por algún motivo, permanecer en el subterráneo, donde murió. Tal vez así pueda aterrorizar a espíritus desprevenidos como el de Sam, el joven novio que fue asesinado al inicio de la película, como venganza contra aquellos que lo asesinaron, lo que podría considerarse "su momento".

En segundo lugar (una muerte repentina o violenta), el alma queda, literalmente, atrapada entre dos mundos, como Sam, y debe permanecer cerca del lugar donde murió o de su ser amado hasta que alguien de este plano—puede ser un exorcista, un chamán, un cura, o un médium lo "rescate"—establezca contacto y lo convenza de abandonar su conexión con este plano y de continuar. Pero, como dije, en mis sesiones yo no veo "fantasmas". Y estos muertos tienen dificultades para comunicarse con nosotros.

Mientras estamos en tema, querría agregar que existen muchas cosas que *Ghost* representó con mucha precisión, como por ejemplo el hecho de que Sam no se dio cuenta de inmediato que había muerto, y que parecía estar "merodeando" para asegurar que la mujer a la que amaba estuviera protegida del peligro. Una escena cuya precisión realmente me hizo reír fue aquella en la que la pobre Whoopi Goldberg, en su papel de Oda Mae, es bombardeada por voces del mundo de los espíritus que buscaban hacerse oír. Como he dicho, esta suele ser la forma en la que se aparecen ante mí al principio, cuando muchos muertos se reúnen y claman por entregar sus mensajes.

Por supuesto, existen otras escenas en las que la película se tomó una licencia cinematográfica, como por ejemplo, cuando Sam y Oda Mae tienen conversaciones completamente racionales, o cuando Sam puede luchar con Carl. Los que se encuentran en espíritu pueden mover objetos con el poder de su energía, pero zarandear o entrar en combate físico con un ser vivo no es algo que hagan. En alguna ocasión algunas personas me dijeron que habían tenido contacto físico. Algunos habían sentido a su ser amado sentándose en la cama con ellos, o un roce en sus mejillas. Yo soy de las que prefieren no negar las experiencias de las personas. ¿Quién soy yo para decir lo que le ha ocurrido o no a una persona? Es su experiencia. Pero de todos modos, las conexiones no suceden en el sentido dramático. No es como en Hollywood. No es como en *Sexto sentido*, aunque el personaje de Bruce Willis estaba en la misma posición que Sam en cuanto a que no sabía que había muerto. La mayoría de las conexiones suelen ser muy sutiles y llegar en una forma que solo usted reconoce.

Entonces, continuemos con la explicación de cómo se envían los mensajes. Los muertos usan muchos métodos—auditivos, físicos, visuales y también olfativos. Suelo experimentar una serie de olores y aromas, como humo de tabaco, perfumes, fragancias o flores, y muchas veces, otras personas en la habitación también pueden olerlos, particularmente si muchos muertos eran fumadores. A veces el simple aroma de un perfume particular en la habitación permite que una persona sepa que su ser amado está presente. Estas son las situaciones más comunes. Como he aprendido con el tiempo, los muertos pueden ser extremadamente creativos cuando quieren hacer notar su presencia.

Un buen ejemplo de esto sucedió cuando yo estaba en un reconocido programa televisivo del noroeste de Estados Unidos. Una mujer a la que finalmente le entregué mensajes de su padre, dijo que el día antes de ir al programa había olido continuamente el aroma de los cigarros de su padre. En su casa nadie fumaba. Por lo tanto, a veces los seres amados nos dan una señal de que se encuentran cerca o que van a presentarse de manera más fuerte.

desconectando

Independientemente del lugar, ya sea una sesión espiritista, una conferencia o un seminario, siempre se sigue una progresión natural desde la apertura del clamor hasta el más organizado caos y la última gota de energía del otro lado, y generalmente dura entre 2 y 2½ horas. A esa altura, ya me encuentro totalmente exhausta—es un trabajo extremadamente gratificante, pero también demandante—y la sala siempre se llena de emociones que varían desde sentimientos intensos de amor, hasta una hostilidad igualmente intensa.

Si bien los muertos están aquí para expresar su amor, los que se encuentran en la habitación pueden estar aún enojados con quien partió por algo que ocurrió antes de su muerte, o pueden sentir culpa por algo que creen que hicieron mal o que fue su error. Esta es una de las principales razones por las que la gente a veces se niega a reconocer los mensajes que el muerto está intentando entregar. Los vivos muchas veces no pueden comprender que los muertos han avanzado en su camino, no solo lejos de este plano, sino también de cualquier "problema" que pueda haber estado intoxicando sus relaciones con sus seres amados en la tierra. Si existen emociones negativas en la habitación, siempre vienen de los vivos, nunca de los muertos. Y, como queda implícito en el término "médium", yo soy el conducto para las vibraciones positivas y negativas que emanan de ambos lados. Algunas veces, esta "mezcla" de vibraciones emocionales es como estar en un secarropa.

Probablemente también sea cansador para los muertos, porque no soy la única que utiliza su energía para hacer que el nivel de mis vibraciones sea compatible con las de ellos. Ellos también ajustan sus frecuencias para sintonizar con la mía. Al final de la sesión, puedo sentir sus vibraciones retrocediendo, y entonces sé que es el momento de cerrar la puerta. En ese punto, siempre agradezco a los muertos por haber venido, y lentamente comienzo a separarme del mundo espiritual, gradualmente volviendo a mi estado normal de conciencia, un proceso que puede llevar varias horas luego de finalizada la sesión.

Es, invariablemente, una experiencia intensamente emocional y estimulante para todos los que se encuentran en la habitación. Suelen derramarse muchas lágrimas, ya sea de alegría, alivio, o tristeza, muchas veces también se comparten risas y algunas sorpresas. Los muertos no pierden su sentido del humor cuando mueren, y suele ser el recuerdo de una característica divertida—el tío Herman era el más bullicioso de la familia, por lo tanto, era obvio que sería el primero en venir—o una relación feliz—la pequeña Nipper adoraba pararse sus patas traseras y lamía el rostro de mamá—la validación que buscan quienes están en la habitación.

Muy a menudo, cuando alguien se entera que van a venir a un evento en el que daré una conferencia o una sesión espiritista, piden de manera silenciosa, fuerte, o como se sientan cómodos, que la persona de la que quieren saber venga. Pero esto no significa que lo que quieren, ocurra, ni que no existan otros muertos que muestren su presencia. Siempre les recomiendo a las personas que dejen de lado sus expectativas, sean cuales fueran, porque probablemente la experiencia no sea del modo en que ellos la imaginan. No es algo lógico e inclusive pueden escuchar de personas en las que no hayan pensado por años.

Dado que yo efectivamente apago mi lado izquierdo del cerebro, lógico y analítico, durante toda la sesión, raramente recuerdo lo que ocurre, a menos que alguien comparta su experiencia conmigo al finalizar. Puedo sentir las emociones que quedan en la habitación, pero no necesariamente puedo identificar la fuente de las mismas. Y está bien para mí. Sé que no debo recordar y que, en todo caso, sería imposible retener todos los sentimientos que me atraviesan para pasar de un plano al otro.

Independientemente de lo que se haya revelado, y más allá de mi cansancio, siempre quedo con un sentimiento de gratitud por el don y el privilegio que me ha sido entregado para ayudar a las personas. Poder responder algunas de las preguntas que los podrían perseguir durante todas sus vidas, o ayudarlos a que lleguen a una resolución con el pasado y puedan continuar con el aprendizaje, siempre es reconfortante.

cómo se entregan los mensajes

Una de las preguntas más frecuentes entre aquellos que quieren comunicarse con sus seres amados que han partido es si hay forma de asegurar que la persona que intentan contactar se "acercará" a ellos. Y la respuesta es que a veces sí y otras no. A menudo sus preocupaciones son de naturaleza práctica: "Mi pequeña solo tenía un año, ni siquiera hablaba, ¿cómo podrá comunicarse conmigo?" o "La tía Tillie solo hablaba ruso y usted solo habla inglés, ¿cómo comprenderá lo que intenta decir?"

En estas instancias, puedo asegurar a quienes preguntan que lo que perciben como barreras no son tales, porque no evitarán que el contacto se pueda establecer. Si el niño es demasiado pequeño para hablar, habrá crecido en espíritu o habrá un familiar mayor con él para validar la información de modo que el padre pueda reconocerlo. Y, por alguna razón que realmente no puedo explicar, cuando la tía Tillie necesite o quiera comunicarse a través mío, milagrosamente hablará un inglés muy fluido, aunque con un reconocible acento ruso. Solo puedo asumir que en algún lugar "de allí afuera" existe un psíquico traductor políglota haciendo un muy buen trabajo.

Más allá de estas cuestiones prácticas, no puedo garantizar quién vendrá a través mío en ninguna situación. Esa decisión depende de los muertos. La mayoría de la gente piensa que porque yo hago esto—y es mi don—puedo llamar a ciertos muertos según mi voluntad—en cualquier momento que quiera—y que vendrán. De mi parte la respuesta es: no siempre.

Sin embargo, sé que todo mensaje que deba ser transmitido, lo será. Algunas veces el problema reside en aquellos que se encuentran entre los vivos, y que tienen ideas preconcebidas muy específicas sobre a quién esperan contactar, lo que esperan escuchar y quién entregará el mensaje.

Un ejemplo vívido de este tipo de situación me ocurrió mientras atendía una llamada telefónica de un programa de radio:

Un caballero llamó y me pidió contactar a su padre, que había fallecido recientemente, pero él simplemente no llegaba con suficiente fuerza. En su lugar, apareció otro hombre que parecía ser, según descubrimos, el abuelo de quien llamaba, insistiendo en hacer notar su presencia. Él parecía estar sosteniendo una caña de pescar. Cuando le transmití esta información al hombre que estaba al teléfono, hubo un gran silencio, y luego de unos instantes dijo: "Es el padre de mi padre. Era un pescador. No quiero hablar con él. Quiero escuchar sobre mi padre". Pude detectar cierta angustia en la voz de quien llamaba. Si bien era difícil, (por decirlo de alguna manera) tenía que convencer a quien llamaba que era el mensaje de su abuelo el que se debía transmitir en este momento, y que el abuelo estaba intentando sanar la herida en la relación y decirle que lo amaba. También dijo que quería pedir perdón por todo el dolor que su muerte había causado. Quien llamaba, sin embargo, no quería oír ese mensaje, y solo quería escuchar de su padre. Ese es el problema de algunas de las personas que estamos en este plano—podemos ser terriblemente tercos.

Estaba sintiendo un gran dolor de cabeza y le dije al caballero que podía asegurarle que su padre estaba presente con su abuelo, parado a su costado para que éste pudiera decir lo que necesitaba expresar. A menudo, cuando se presentan muchos muertos, algunos retroceden porque saben que hay un mensaje más fuerte que debe ser transmitido para sanar el presente de alguna persona. Le pregunté sobre su abuelo y su muerte, y la persona que llamaba dijo que su abuelo le había disparado a su abuela y luego se había suicidado, muriendo de un disparo en la cabeza. Eso explicaba el dolor que sentía en un lado de mi cabeza. Parecía ser que el abuelo había sido una persona notable en la comunidad y que esto le había causado a la familia un gran dolor y vergüenza. Era algo que la familia había acarreado por años—escondido y nunca resuelto emocionalmente. Nunca se comprendieron o respondieron los "por qué". La persona que llamaba había sido el nieto favorito de su abuelo y pasaba muchas horas pescando con él. Solo tenía 12 años y estaba visitando a sus abuelos durante el fin de semana del trágico incidente. Este hombre con el que yo estaba hablando nunca había podido avanzar desde ese horroroso acontecimiento. Se había sentido abandonado, y también cargaba con algunas culpas por no haber podido hacer nada para prevenirlo, de la misma forma que se sentía ahora por la muerte de su padre debido al alcoholismo.

Cuando corté con la persona que llamaba, sentí que había comprendido algo, o al menos eso espero. Nunca hice un seguimiento con el hombre. Todos nos sentimos abandonados, en algún punto, cuando un padre fallece. Es como si de repente uno se sintiera huérfano. Muchas veces nos cuestionamos si hubiéramos podido hacer algo para prevenir la muerte, o inclusive si fuimos buenos hijos o hijas. Sin importar la edad en la que hayamos perdido a uno de nuestros padres, repentinamente sentimos que no tenemos red de contención donde "apoyarnos". Esto se ve más en los niños pequeños que sufren la muerte de un padre o de un amigo cercano. Inclusive cuando el padre del hombre estaba presente, y que él quería desesperadamente conectarse, como en este caso, simplemente puede suceder que un muerto en particular retrocede y deja fluir el mensaje que cree que es más fuerte. Recuerde que ellos establecen contacto para promover la sanación de las personas para que puedan avanzar en sus vidas. Esto no significa que en otra oportunidad no se pueda establecer una comunicación con el ser amado que realmente estaba buscando.

Existe otra razón por la que, en algunas ocasiones, no podrá hacer contacto con la persona que quiere, y es simplemente que en ese momento el muerto puede que esté demasiado lejos para entregar su información. En ese caso, la persona simplemente no tenía que venir en ese momento. O tal vez puedan existir otros impedimentos para la comunicación. La persona puede tener emociones negativas, tales como resentimiento o celos que podrían entorpecer el contacto. O uno de los muertos podría notar que una persona en particular no está psicológicamente preparada para recibir su mensaje. En el caso anterior, el abuelo probablemente haya sentido que era momento de contactar a su nieto, probablemente debido a la reciente muerte del padre. Algo le señaló que era el momento de lidiar con otros asuntos del pasado que podrían impedir el progreso del hombre en su camino para atravesar la muerte de su padre y así resolverla y cerrarla. Los muertos quieren que sanemos nuestras heridas y podamos avanzar en el camino propio de nuestras almas.

Algunas veces el muerto sabe que su ser amado no es la mejor persona para recibir su mensaje, y elige a otro—alguien que sabe que está dispuesto a escuchar—para entregar el mensaje. La siguiente carta explica cómo le sucedió algo similar a un cliente mío que desesperadamente buscaba encontrar una forma de contactar a su hijo de 17 años, David. Cuento esta historia en mi último libro, Segunda Oportunidad, pero vale la pena repetirla:

Cada vez que practico la mediación que nos enseñó aquel el día del taller tengo dudas de si realmente "entiendo algo". Sigo negando la mayoría de las cosas que creo haber visto o escuchado. Tengo esta noción preconcebida de que cuando veo algo con los ojos de mi mente, no es lo suficientemente claro, por lo tanto, no puede ser real. Usted nos llevó a través de la mediación y enfatizó que no debíamos cuestionar lo que veíamos, olíamos o escuchábamos. Pensé: "Aquí voy nuevamente. Seré la única persona en la habitación que no obtenga nada o que no pueda impartir lo que creo haber obtenido". También pensaba que estábamos gastando el tiempo y todo lo que quería saber era si David estaba allí. Pero pasé por la mediación. De repente, apareció el rostro de un niño pequeño, de aproximadamente cuatro años. También supe, más que lo que veía, que tenía cabello castaño y ojos muy azules, y que quería que le "dijera a su mamá que la amaba". Como nos dijo, escribí todo esto. Uno por uno, recitamos la información que *"supuestamente" habíamos recibido. Había otra mujer en la habitación que dijo que tenía un amigo que no estaba presente pero que había perdido a su hijo, llamado Kevin. Usted validó mi conexión con más información antes de que finalizáramos.*

Un par de semanas después, estaba conduciendo hacia mi casa, como suelo hacer desde la pérdida de mi hijo, apagué la radio y dejé mi mente en blanco. . . Estando en ese estado mental, claramente vinieron a mí el nombre "Katie" y luego su nombre, "Suzane Northrop". Recordando lo que usted había dicho seguí avanzando y esos nombres seguían viniendo a mi mente. "Los muertos de Suzane están viniendo a través de mí. Cuando llegue a mi casa, voy a dejar un mensaje en su contestadora y ver si tiene algún pariente llamado Katie."

Cuando llegué a mi casa, tenía solo quince minutos antes de salir para un encuentro con Compassionate Friends, un grupo de soporte maravilloso para personas que perdieron a sus hijos. Por lo tanto, postergué la llamada telefónica hasta más tarde. En la reunión, había una joven mujer que no había visto antes hablando de cómo una amiga suya había ido a una psíquica un par de semanas antes y, aunque no sabía nada sobre psíquicos, su amiga le había contado que alguien en la habitación había dicho que había visto a un pequeño niño de cuatro años llamado Kevin, quien quería que le "dijeran a su madre que la amaba". La mujer dijo que si bien no creía mucho en las "cosas psíquicas", no podía evitar pensar que era su hijo. Otra mujer dijo: "Katie ¿cuál es el nombre de la psíquica?", y Katie respondió: "Suzane Northrop."

Casi me caigo de la silla. Compartí con Katie, luego de la reunión, que yo había sido quien había tenido la conexión con su hijo. Ella tenía un pin en su blusa con una imagen de Kevin, y me sorprendió lo similar que era a quien yo había visto, especialmente por los "ojos muy azules". Katie me abrazó y, con lágrimas, me agradeció profundamente. Me sentí completamente abrumada por haber podido brindarle un momento con su hijo nuevamente.

Ahora realmente creo en las conversaciones y tengo mi mente puesta en mi hijo. Rara vez cuestiono las cosas que experimento durante la mediación, o lo que ocurre a diario, ya que representan la presencia continua de mi hijo y del amor en mi vida.

Mollie

Claramente, no fue coincidencia que Mollie estuviera en el mismo seminario que la amiga de Katie. La coincidencia, como siempre digo, es nuestra forma de explicar la sinergia que no podemos o no queremos atribuir a los poderes que no comprendemos. Esta experiencia ilustra de manera muy clara que los muertos pueden hacer muchas cosas para transmitir sus mensajes. Si saben que una línea directa hacia su ser amado no es el mejor camino (como en el caso de Katie, quien no creía en psíquicos) pueden buscar un mensajero más receptivo, como sucedió en esta historia. Kevin debe haber sabido que Mollie era la persona perfecta para recibir este mensaje y para transmitírselo a su madre. Mollie no solo había perdido un hijo, sino que también estaba abierta a la comunicación con el mundo de los espíritus. Su madre, por otra parte, no solo era escéptica sino que también era emocionalmente ansiosa como para recibir lo que él intentaba decirle. Al hacerlo a través de Mollie, no solo pudo entregar su mensaje de amor para su madre sino que también validó la creencia de Mollie de que su propio hijo, David, seguía presente en su vida. Esta es una de mis historias favoritas.

¡usted también puede comunicarse!

Si bien aprecio totalmente el hecho de que me ha sido entregado un don superior para sintonizar las vibraciones de aquellos que se encuentran en el mundo de los espíritus, también sé que cada uno de ustedes tiene sus propias habilidades para conectarse con ese mundo. Lo único que debe recordar es que los muertos quieren establecer la conexión. De hecho, la principal parte de su trabajo es conectarse con usted. Entonces, su trabajo es abrir su corazón y su mente para escuchar en el más amplio sentido de la palabra. Si no lo hace, los mensajes pueden pasar desapercibidos, y se estará privando de la paz y la tranquilidad que vienen de saber que los seres amados que partieron no solo están "bien" sino que también siguen muy conectados a usted.

No siempre es fácil, por lo tanto, debe quererlo profundamente. Pueden existir obstáculos en su educación o el sistema de creencias en el que creció, y esto podría hacer que sea escéptico o que esté temeroso de este tipo de contacto. Ninguna energía negativa puede entrar a su reino, a menos que usted lo permita. No creo que ningún ser amado que ha fallecido regrese con ira o para dañarnos, solo buscan transmitir amor. Si usted realmente llega a una resolución con respecto a estas dudas y miedos que le han enseñado, y realmente cree que puede hacerlo, lo preparé para escuchar los mensajes que los muertos necesitan enviar, inclusive si sacan temas problemáticos o pensamientos que pueden ser negativos para usted. Esto es preocupante solo porque usted lleva o "se aferra" a cierta energía que se encuentra alrededor del problema que no ha encontrado resolución. Algunas veces, esto puede residir en la falta de perdón para con usted mismo, con otras personas presentes, o para con aquellos que han muerto. Recuerde, los muertos no tienen resentimiento, miedos ni ira. Han avanzado y se encuentran en un estado de alegría, felicidad y compasión.

Si está dispuesto a prepararse, resolver sus asuntos pendientes, liberarse del miedo y confirmar su propio sistema de creencias, entonces me gustaría ayudarlo compartiendo algunos de los métodos que enseño a quienes vienen a mis seminarios:

~ LA PREPARACIÓN ~

1. En primer lugar, debe dejar que sus seres amados sepan que usted quiere acercarse a ellos, y cuándo espera realizar este contacto—como si estuviera haciendo una cita en una llamada telefónica. Entonces, haga una cita. Debe ser un momento en el que no lo vayan a interrumpir y que no se sienta ansioso por hacer otras cosas. No haga una cita, por ejemplo, un martes a las 5:30 si sabe

que sus hijos o compañeros de cuarto esperan sentarse en la mesa para cenar a las 6:30. He descubierto que los mejores momentos son por la mañana bien temprano o durante el anochecer.

2. En Segundo lugar, deberá comprometerse a esta tarea por un periodo de tiempo de, como mínimo, siete semanas, por lo tanto, no comience si piensa realizar un viaje de negocios o asistir al casamiento de su mejor amigo en Boise en ese horario la próxima semana.

3. Cuando haya decidido el horario, repita su mensaje una o dos veces, ya sea en voz alta o para usted mismo: "El lunes por la mañana, a las 7 A.M., estaré abierta para recibir comunicaciones de. . ." Y aquí puede pedir por una persona específica, pero deberá estar preparado para otros que también quieran mostrarse.

4. Ahora encuentre un lugar tranquilo y cómodo el cual será la ubicación designada para los próximos siete "lunes" a las siete de la mañana, y deje algunos elementos para tomar notas cerca.

5. Algunos minutos antes del horario acordado, tome el teléfono y descuélguelo, vaya a su ubicación seleccionada y trate de preparar su mente. Asegúrese de estar cómodo—sin ropa ajustada, con el estómago ni muy lleno ni muy vacío, y deje que su cuerpo se relaje. Trate de vaciar su mente y sintonizar su oído interno. Si vienen pensamientos aleatorios, reconózcalos y déjelos

ir. Practicar algún tipo de técnica de meditación—cualquiera que funcione para usted—podría ayudarlo con esto.

6. Imagínese rodeado de luz blanca y pida permiso a Dios o al Poder Superior para que permita que sus seres amados vengan. Luego, selle la luz y el permiso con una oración, en las palabras que usted elija, dirigida a quien le brinde paz y la comprensión de que independientemente de lo que ocurra, siempre será para un bien superior.

~ LA MEDITACIÓN DE CONEXIÓN ~

Una vez que se sienta seguro y protegido de la luz del entorno, comience a respirar profundamente, desde su diafragma. A medida que se relaje, afirme que Dios o el Poder Superior ha hecho ese momento especial para usted, y siéntase rodeado de luz, siendo elevado amablemente como si estuviera en un globo, dejando sus preocupaciones y cuidados diarios detrás.

Ahora está siendo elevado hacia una puerta arriba suyo que se abre a medida que usted se acerca y le permite ingresar a un hermoso campo de flores. Se siente cálido, protegido y amado. A medida que se mueve por el campo, ve una glorieta con un banco frente a usted. Alguien lo está esperando en el banco. Puede que vea o no a la persona que está sentada, pero se acerca al banco y se sienta al lado de esa persona. Siente su amor tocándolo.

Inclusive si no ve ni siente a la persona, sabe que de alguna forma está ahí. Podrá escuchar una palabra con su oído interno y probablemente no sepa lo que significa de inmediato, pero sabe que luego lo comprenderá. Si puede ver a la otra persona, mírelo a los ojos. Si escucha una voz familiar, permanezca en silencio y escuche. Si siente su toque, quédese quieto. Es un momento especial que quedará marcado en su mente.

Sabrá cuando su tiempo se haya terminado. No puedo explicar cómo; simplemente lo sabrá. En ese momento, dígase silenciosamente a usted mismo y a su ser amado que es hora de irse. A medida que deje el banco, sentirá que nuevamente está solo. A medida que camina nuevamente por el campo y reingresa a su globo de luz, sabrá que puede regresar a este lugar especial una y otra vez. A medida que desciende, lenta pero seguramente, atraviesa la puerta, la luz comenzará a desvanecerse y usted sentirá que vuelve a su estado normal de conciencia. Puede no estar seguro de lo que ocurrió, pero se sentirá relajado, seguro y amado en una manera muy especial. Aférrese a esos sentimientos por un momento.

~ ESCRIBIENDO SU EXPERIENCIA ~

Ahora, busque un lápiz y escriba todo lo que vio o sintió, sin importar si es poco o mucho. Inclusive si le parece muy poco en un principio, luego fortalecerá su relación. No permita que su mente/voz "editora" y "crítica" lo atrape. Escriba todo, por más que en ese momento tenga o no sentido para usted, o sea significante o no. Esta información se aclarará a medida que pase tiempo con ella.

Inclusive si cree que no pasó nada, no abandone. Recuerde que su compromiso es por seis semanas más, y al practicar sus técnicas de relajación y visualización, gradualmente se sentirá más cómodo y abierto al proceso, y con el significado de lo que ha experimentado.

Usted recibe mensajes todo el tiempo, lo crea o no. No se sorprenda si, en los próximos días, comienza a "escuchar" con su sentido más profundo de escucha, mensajes cuando menos los espera. Si le sucede tan rápido que no está seguro de si eso ocurrió, déjelo ir. Los muertos no se rinden fácilmente, y el siguiente mensaje que reciba será más fácil de comprender.

También puede experimentar otro tipo de conexión simbólica que le permita saber que sus seres amados han recibido su invitación. Como dije, las anomalías electrónicas o mecánicas se encuentran entre las señales más comunes que los muertos envían para recordarnos de su presencia. También podría notar fenómenos naturales inusuales—flores creciendo fuera de estación o pájaros apareciendo en lugares donde nunca antes habían estado. De hecho, usted puede haber experimentado estas cosas en otros momentos sin haber prestado demasiada atención porque simplemente no estaba "sintonizado" con su significado.

Me gustaría dejarle esta cita a medida que sigue explorando la conexión y comunicación con usted mismo. A mí me gusta mucho. Claudia Black dice: "Confíe en usted mismo. Sus percepciones son, muy a menudo, más precisas de lo que usted cree".

confíe en sus sueños

Ciertamente, no todos los sueños en los que aparezca un muerto implican una visita de su ser amado en espíritu. Pero, los sueños son una de las formas más comunes y sencillas en que los muertos nos contactan de manera directa.

¿Por qué sucede así? Todos los que recuerden un sueño de manera vívida comprenderán que la mayoría de los sueños tienen contenido simbólico más que literal, y es por eso que, mientras dormimos, la parte lógica y analítica de nuestro cerebro también descansa, permitiendo que reinen libremente nuestras facultades creativas e intuitivas. Nuevamente, es el fenómeno de la parte izquierda y derecha del cerebro. Y, como ya he explicado, es con la parte intuitiva de nuestro cerebro que hacemos contacto con aquellos que han fallecido, es durante el sueño que estamos más receptivos a estos mensajes.

Los sueños también son la forma más "segura" en que los muertos se pueden conectar con nosotros. Inclusive aquellos que son escépticos ante la posibilidad de comunicarse con sus seres amados que habían partido, parecen estar relativamente cómodos con la idea de soñar con sus muertos. Sin dudas, es porque pueden racionalizar la experiencia como un sueño "con" la otra persona, en lugar de aceptar el hecho de que realmente fueron contactados por su ser amado en espíritu.

Entre las experiencias con sueños más frecuentes se encuentran aquellas en las que los seres amados dicen que "no están muertos" o que están felices, saludables y pasando un buen momento. Este es, de hecho, el principal mensaje que los muertos necesitan enviar. Como dije antes, es su trabajo hacernos saber que aún están presentes, y que no están "muertos" en absoluto, en el sentido convencional de la palabra. En todo caso, ¿no es lo que más nos gustaría saber de alguien de quien no hemos tenido noticias hace un tiempo? ¿No queremos estar seguros de que estén bien, donde sea que estén?

Aquí le traigo la historia de una persona que se conectó a través de sus sueños y quien me permitió compartirla:

Estimada Suzane,

Le escribo para compartir mi experiencia al utilizar sus técnicas de meditación y conexión, las cuales enseñó en su seminario. Como sabe, perdí a mi madre de manera repentina. Ella había sufrido de varios ataques durante los últimos años de su vida. Como familia, nunca obtuvimos respuestas concretas de los doctores sobre las causas de estos "ataques", y solo sabíamos que llegaban repentinamente. Muchas veces estuvimos a punto de perderla durante estos ataques porque comenzaba a jadear y por ultimo dejaba de respirar. Ella tenía miedo a los análisis cardíacos porque una de sus mejores amigas había muerto en un procedimiento al corazón, y se negaba a someterse a cualquier procedimiento similar. Era una mujer de mucha voluntad y con ideas propias. Lo único que podíamos hacer era atribuir estos episodios a que fumaba compulsivamente. Lo mejor que podíamos hacer era convencerla de dejar de fumar, lo cual hizo seis meses antes de su muerte.

Fuimos muy unidas durante mi vida. Muchas veces nos comunicamos a grandes distancias, sin palabras. Era algo mental que compartíamos. Cuando hablábamos por teléfono, nos dábamos cuenta de que habíamos estado pensando o haciendo lo mismo en el mismo momento. La conexión era bastante sorprendente y nos divertimos mucho con eso. A menudo jugábamos al juego "a ver si lo entiendes" y pasábamos horas sin decir una palabra.

Cuando murió, como la mayoría de las personas que atraviesan estas situaciones, no podía creerlo. Nunca hubiera imaginado que se iría tan rápido, a una edad tan temprana—solo tenía 59 años. Inclusive durante el funeral y meses después, yo negaba lo que había sucedido. Me negaba a hablar sobre ella como alguien "muerto". Eventualmente, mi padre, mis dos hermanos y yo comenzamos a mirar sus pertenencias personales, y encontré una carta escrita por ella atascada en la esquina de un cajón. Por lo visto, nos la iba a entregar a mis hermanos y a mí en algún momento. Básicamente decía que estaba cansada y exhausta, y esperaba encontrar paz en su vida. Hablaba de cómo había postergado muchas cosas hasta que nosotros hubiéramos crecido, y ahora quería que nosotros sigamos con nuestras vidas. Compartía que ahora era su momento, y que tenía planeado avanzar con lo que la vida le presentara para encontrar su propia felicidad. Nos rompió el corazón. Todo lo que quería era contactarme con ella y saber que estaba bien. Ella había tenido una vida dura al lado de mi padre y yo quería saber si finalmente estaba en paz.

Probé todo para establecer el contacto. Le supliqué que me diera una señal. Cuando descubrí su trabajo, pensé que podía ser mi respuesta. Para mi desaliento, ella nunca se hizo presente, como sí se hicieron presentes otros miembros de mi familia en las sesiones grupales. Yo seguía pensando que no quería escuchar de ellos. Ella parecía no entender que yo quería saber de ella. Hice su meditación y cuando estaba en la glorieta en el banco, pude sentir su presencia—inclusive pude oler su perfume, pero quería "verla". Necesitaba verla.

No me rendí fácilmente y continué con los ejercicios, como usted sugirió. Me negaba a creer que mi madre no me contactaría de alguna forma. Una noche, me sentía particularmente triste por mi pérdida y su recuerdo, y cuando me fui a la cama dije una breve oración para que, si realmente era cierto que no morimos y dejamos de existir, necesitaba una prueba de ella. Esa noche tuve mi visita – casi un año después de su muerte.

Mi madre apareció esa noche en mis sueños. Estaba vestida con el tipo de ropa que se usaba en Suiza. Estaba bailando en un campo verde y frondoso rodeada de montañas hermosas. Tenía cintas coloreadas en su cabello. Estaba sonriendo, cantando y riendo a medida que corría y bailaba en el césped.

Estaba vibrante, y me dijo que estaba bien. Me pidió que se lo dijera a mis hermanos. Me desperté la mañana siguiente sabiendo que había tenido mi tan esperada visita. ¿Cómo podía estar segura de que estaba feliz y que no era tan solo un sueño? Ella era alemana, de ahí la vestimenta que utilizaba. El lugar que más le había gustado visitar había sido Suiza. Ella contaba que quería volver varias veces antes de morir. Y estaba cantando y bailando, cosa que yo adoraba verla hacer cuando yo era niña. La música que cantaba era de su musical favorito. También me dijo que continuara mi vida y buscara mi felicidad porque ella había encontrado la suya. Y que me había visitado muchas veces y seguiría cerca por si la necesitaba.

Compartir esta historia con usted es importante porque creo firmemente que si quiere contactarse con alguien del otro lado, podrá hacerlo. No debe rendirse y debe estar abierto a que venga en formas que no espera. Me tomó un año hacer mi contacto. Pero llegó y ahora estoy en paz. Le agradezco por todo lo que hace por quienes estamos de "este lado", y los muertos que desean conectarse. ¡Siga en su fe!

Con mucho amor, Michelle

Entonces, si despierta de su sueño con paz y envuelto en un sentimiento de amor, probablemente haya experimentado un contacto con el mundo de los espíritus. Confíe en eso. Le pido que escriba lo antes posible lo que sintió porque la memoria, como la memoria de todos los sueños, es breve y no lo retendrá si no lo escribe. Pero del mismo modo en que se entrena, mediante la meditación y la práctica, para estar más abierto a recibir otro tipo de mensajes, también puede entrenarse para tener mayor acceso a las experiencias de sus sueños. Podría, por ejemplo, practicar una meditación justo antes de ir a dormir, y enviar una invitación a su ser amado para establecer contacto mientras está dormido, tal como en el ejemplo de Michelle. También puede sugerirse a sí mismo que despertará cuando el contacto haya terminado, por lo tanto, lo recordará. Podría no funcionar la primera vez, pero como todo en la vida, mejorará con la práctica y la repetición.

Al mismo tiempo, sin embargo, debo señalar que si su sueño le genera miedos, o enojo y deriva en algún tipo de emoción negativa, esas emociones probablemente vengan de usted—de su miedo base— porque como he dicho, los muertos nunca están enojados con usted, no quieren hacerlo infeliz o que se sienta incómodo, y no albergan deseos negativos, sea lo que fuere que haya ocurrido entre ambos mientras estaban vivos.

cuando los mensajes se detienen

Una vez que haya tenido éxito al conectarse con los muertos, ya sea por su propia cuenta o con la ayuda de un médium, seguramente quiera que los mensajes continúen, y probablemente asuma que si su ser amado "volvió" una vez, lo seguirá haciendo. Y, ciertamente es posible que ocurra, particularmente si realmente necesita continuar con el contacto para completar su duelo o llegar a un acuerdo sobre algún aspecto de su relación que estuviera inconclusa en este plano. Esto suele darse más a menudo cuando un padre ha perdido a un hijo, lo cual es, sin duda, una de las pérdidas más devastadoras que se pueden sufrir. O tal vez sienta una presencia en ocasiones especiales, tales como vacaciones, cumpleaños o aniversarios, que podría ser la forma que encuentra su ser amado de demostrar que sabe que es un día especial y que es consciente de lo que está ocurriendo en su vida. Pero también es posible que luego de uno o dos contactos, su muerto ya no regrese.

No sé exactamente por qué ocurre esto, pero sé que pasa por una razón. Tal vez su ser amado solo necesitaba asegurarle que lo amaba y que aún estaba presente en su vida, y, habiendo entregado este mensaje, ya no tuviera más para decir. O tal vez necesitaba continuar con el crecimiento y evolución de su propia alma, como ahora usted necesita continuar con el propio. Debe recordar que, del mismo modo que usted debe continuar, los muertos también tienen trabajo que deben finalizar.

Seguramente se decepcione si sus contactos terminan, pero no pierda la ilusión. Recuerde que antes de comenzar estos contactos, usted se entregó al Poder Superior y manifestó que estaba actuando para el bien superior. Simplemente no depende de usted decidir cuándo se ha alcanzado ese bien.

capítulo dos
comprendiendo la vida después de la muerte
~ la muerte es un nuevo comienzo ~

Con el paso de los años, y la creciente familiaridad, he compartido con usted lo que pienso de aquellos que viven en el otro plano como miembros de la Sociedad de los muertos, o, como puede saber si ha leído alguno de mis otros libros o asistido a mis seminarios, los llamo con respeto y afecto, muertos. Y hablo de su existencia como una "sociedad" porque, de hecho, la vida después de la muerte no se vive aislada, sino en una sociedad de almas, del mismo modo que en este plano somos miembros de una sociedad donde nos relacionamos unos con otros.

Uno de los errores más grades de la gente sobre la muerte es pensar que es el final. Si bien puede ser el final de una fase específica del viaje del alma, la muerte es el comienzo de la siguiente etapa. La muerte, para aquellos que permanecemos aquí, solo marca el final de una fase de nuestra relación con quien ha fallecido. Es, también, el inicio de otra—si queremos que así sea—porque el Alma nunca muere, así como tampoco muere la relación entre los que están en este plano y los del otro lado.

Si he aprendido algo—y lo he aceptado universalmente—durante el curso de mi trabajo, y a través de las miles de conversaciones con personas que han fallecido, es que el concepto de "muerte" no existe como la mayoría de la gente piensa. Es simplemente otra fase de transición en la evolución de la existencia de nuestras almas, y en la búsqueda de un crecimiento continuo, viviendo, al menos temporalmente, en otro plano. Si fuera una obra de teatro, sería el siguiente acto. Si fuera un libro, sería el siguiente capítulo. Metafóricamente, es como arrojar un guijarro al agua y mirar el efecto de ondas que crea. Del mismo modo que con el crecimiento de nuestra alma, continúa extendiéndose hacia afuera y hacia el infinito. Sin detenerse, siempre expandiéndose.

amor: el vínculo que nunca termina

Hasta que aprendamos a superar nuestro escepticismo, y abrirnos ante la posibilidad de la vida después de la muerte, seguiremos sin tener conciencia de las señales continuas que recibimos de que esas relaciones aún existen. Para aquellos que han fallecido, no hay dudas. Y les apasiona hacérnoslo saber. Muchas veces, durante conferencias o sesiones espiritistas, los muertos me dicen que han estado en contacto con su ser amado que aún vive, y cuando transmito ese mensaje, la persona normalmente no es consciente de esos contactos.

Como los físicos saben, desde una perspectiva científica, que la energía nunca muere, sé que la energía del amor es la que nos vincula con nuestros seres amados que han fallecido. Ni los muertos ni mis clientes me permiten olvidarme de esto. Todos conocemos la fuerza del amor. Ninguno de nosotros puede decir que nunca experimentó el poder del amor de alguna forma. Tiene la capacidad de producir una sanación completa como lo hace la aniquilación total. Este hecho me impactó una vez más cuando un hombre, en uno de mis seminarios, tuvo la siguiente experiencia:

Asistí a uno de los seminarios de Suzane en el sudoeste y no estaba seguro de por qué iba a ir, o qué esperaba de ese seminario. Mi esposa de 47 años había fallecido hacía seis meses y me sentía consumido, no solo por el duelo, sino también por un sentimiento de culpa abrumador. Iba a pasar una semana completa con Suzane en un encuentro grupal, sin estar seguro de estar listo para ir. Nunca me entusiasmaron estas actividades "grupales". Así y todo, algo me empujaba hacia allí luego de haber escuchado a algunos amigos que siempre me apoyaron hablando sobre ella. Debo admitir que era bastante escéptico, aunque había llegado a un punto en el que, personalmente, sabía que debía encontrar algún tipo de alivio para este continuo dolor.

Virginia, mi esposa, había sufrido un accidente y había estado en coma por seis semanas antes de su muerte. Ella había sido una persona fuerte y amorosa. Todos los que la conocía adoraban su amor por la vida y su espíritu humilde. Antes de su muerte, sufrí mucho viéndola agonizar durante semanas en la cama del hospital, tan sin vida. No podía dejar de preguntarme por qué le sucedía algo así a esta maravillosa mujer que tanto amaba. Estaba en un punto de agotamiento por la vigilancia constante, pero aun así, no me quería alejar de ella por mucho tiempo.

Finalmente, una noche, sintiéndome totalmente exhausto, decidí dejar el hospital e ir a dormir a nuestra casa, en nuestra cama. Recuerdo que me llevó horas tomar esta simple decisión. El doctor, temprano por la mañana, había dicho que existían muy pocas posibilidades de recuperación para ella y de que volviera a tener su capacidad total. Me sentía totalmente atormentado por estas palabras. Me sentí completamente impotente por no poder hacer nada por esta mujer que amaba tanto. En la hora que me llevó decidirme a ir, recuerdo haberle dicho a Virgie cuánto la amaba una y otra vez. Quería asegurarme que lo hubiera escuchado, y al final, simplemente esperaba que así hubiera sido. Alguien me había dicho que las personas en coma suelen escuchar lo que los demás les dicen. También recuerdo haberle dicho que estaba bien si quería "irse". Sabía que esta mujer, que en otro momento había sido vibrante, no querría continuar en este estado. Ya lo habíamos hablado muchas veces antes.

Cuando llegué a mi casa esa noche, tome una ducha caliente y me metí en la cama. Recuerdo haber girado hacia su lado de la cama y por un momento pude oler la fragancia de su talco corporal preferido en el aire. Respiré profundo y me dormí. Lo siguiente que recuerdo fue el teléfono sonando y despertándome. Al principio, me pregunté por qué Virgie no había respondido. Tenía el sueño más liviano que el mío. Luego me levanté rápidamente. Llamaban del hospital para avisarme que había fallecido. Supongo que lo supe inclusive antes de haber atendido el teléfono.

En los meses siguientes a ese momento, intenté avanzar en mi duelo lo mejor que pude. Lo que me dificultaba avanzar era que yo le había dicho que si quería irse, estaba bien, y ella se había ido. Y muchas veces pienso que si no le hubiera dicho eso, aún estaría conmigo. Tal vez me equivoco, pero he vivido con la culpa de no saber si hice bien o no.

Entonces, estoy aquí, en el seminario de Suzane, y antes de saberlo, ella dice que hay una mujer presente, y caminó hacia donde yo estaba en la habitación. Dijo que sentía una fragancia a talco corporal, y le llegaba un sonido similar a una "V". Luego me miró y dijo que era mi esposa, que estaba bien, feliz y que me amaba. También me agradeció por haber estado a su lado mientras estaba en coma, y por haberle permitido partir.

Las lágrimas comenzaron a rodar por mis mejillas. Sabía que era Virgie. Sentí un alivio inmenso y ahora sabía que podía continuar con mi vida, ella estaría allí.

Gracias Dios, gracias Virgie, gracias Suzane.

En este caso, Virgie sabía que debía volver y ayudar a su esposo a continuar. Nunca dude del poder del amor. ¿Cómo podría dudarlo después de una situación como esta?

nunca nos vamos solos

Un segundo error de concepto que muchas personas tienen sobre la muerte es que es un paso solitario para que el alma cambie de estado. Pero, por experiencia sé, y porque los muertos me lo han dicho, que no morimos solos. Nunca hacemos la transición de estado corpóreo a espiritual sin la ayuda de alguien del otro lado. El aislamiento y la desconexión no son parte del "plan maestro" universal. En cambio, siempre existe un miembro de la familia u otro ser amado del otro lado que nos ayudan, facilitando el impacto del viaje y en la transición hacia la vida en un plano diferente.

Todos los muertos me dicen que se han encontrado con alguien que falleció antes que ellos y que los ayudó a atravesar. Si bien, como explicaré luego, los miembros de una "familia nuclear" no necesariamente permanecen juntos después de la muerte, siguen siendo una familia y viven en sociedad con otros, del mismo modo que hacemos aquí en la tierra. Como conclusión, puede ser que solo un muerto venga a ayudar a quien partió, pero muy a menudo sucede que son varios.

Lo que debemos entender es que nuestro ser amado que partió nunca está solo, ni lo estará. Es el trabajo de las almas que han partido antes facilitar el pasaje para aquellos que se van después. También es trabajo de aquellos que han partido, mantener su contacto con quienes estamos aquí para ayudarnos a atravesar el duelo, hallar resoluciones y continuar con el resto de nuestro viaje.

Aquí les dejo una increíble historia que confirma mi afirmación de que nunca se cruza solo:

Había una mujer, Daria, quien vino a una de mis sesiones espiritistas. Esa tarde asistieron ocho personas. Había estado entregando mensajes por casi media hora cuando de repente dos grandes perros aparecieron y se acercaron a ella. Con ellos, vi a un hermoso joven quien quería hacerle saber a ella de su presencia. Hablé, sabiendo que él estaba detrás de ella con los perros, y le dije que me sentía incómodamente cálida y que el nombre del joven comenzaba con una "D", o una "L", o "DL".

Sus ojos se abrieron y me miraron. Le pregunté si reconocía a la persona, y ella dijo "Daniel", con lágrimas en sus ojos. Le dije que Daniel quería que ella supiera que estaba ahí, que la amaba, y que estaba bien y feliz. Era importante para él que ella supiera que los dos perros también estaban allí.

Luego de unos instantes, Daria se pudo recomponer y comenzó a compartir su historia con el resto del grupo. Daniel tenía 24 años y vivía en otra ciudad. Era su hijo favorito y había deci-

dido mudarse a otra ciudad para tener una mejor oportunidad laboral. Había conseguido una pequeña casa y por eso se llevó a sus dos amados bóxers con él, para hacerles compañía.

Una noche, mientras Daniel dormía, debido a una falla eléctrica y a un calefactor, la casa se incendió y se quemó por completo. Ni Daniel ni los perros sobrevivieron. Había sido una pérdida horrorosa para Daria, trágica y repentina. No tuvo oportunidad de despedirse de su hijo favorito, por lo que pasó una época terrible durante el duelo. A menudo se preguntaba cómo habría sido morir así y se preguntaba si había sufrido, o si estaría despierto. Lo único que supo fue que los bomberos le habían dicho que había sucedido algo raro cuando finalmente habían recuperado el cuerpo.

Cuando comenzaron a aclarar el camino a través de los escombros, pensaron que lo que habían encontrado eran dos perros juntos, muy quemados. Aun así, comenzaron a separarlos, y debajo de ellos encontraron el cuerpo de Daniel. Parecía como si los perros lo hubieran cubierto para protegerlo. Podrían haber intentado salir, pero por alguna razón, se quedaron allí. Ahora estaban aquí con Daniel, para hacerle saber a su madre que estaba bien, y que no estaba solo. Así, ella podía continuar con su vida.

Ahora, nadie puede decir quién murió primero, si Daniel o los perros, o quién los habrá ayudado. Lo que esta historia confirma es que nunca estamos solos, ya sea en el proceso de muerte o de cruce.

No sé usted, pero esto me da algún tipo de comodidad, más allá de ser una historia conmovedora. Me hizo pensar en los momentos en que ocurren múltiples muertes, como sucedió recientemente con los trágicos eventos, el 11 de Septiembre, en Estados Unidos. Fue una muerte masiva que nadie olvidará. Lo que vino a mi mente es que, muy probablemente, muchos que murieron estaban ayudando a los otros. Es como una visión donde muchas manos se juntan para crear un puente hacia el otro lado.

Esto, mis amigos, abriga mi corazón cuando intento mantener en mente que todo ocurre por una razón. Es difícil de comprender algo tan sin sentido. Es desafiante recordar que cada alma tiene su propio camino y su propio plan. Y así y todo, sé que es así. Creo que sus muertes no tendrían sentido si no tomáramos un tiempo para tratar de comprender cuál es el mensaje que tan grande pérdida tiene para nosotros. Yo me he tomado ese tiempo, y espero que usted también lo haga.

y no termina con la muerte física

Dado que el alma nunca muere, se encuentra en un viaje constante, tanto en esta vida como en la vida después de la muerte—un viaje de crecimiento y descubrimiento. Todos estamos en esta vida con un propósito—seamos o no conscientes de ello—y ese propósito es aprender, lograr lo que cada alma ha elegido como su programa, y esto podría ser cualquier cosa. Básicamente, es lo que nuestra alma debe aprender. Puede ser paciencia o autoconfianza, o cómo sobrellevar las pérdidas, o compasión. Cada alma tiene un programa diferente y no hay dos almas que deban aprender o lograr exactamente lo mismo. El camino del alma es el crecimiento, y cada camino es único para cada alma. Encarnar en un cuerpo humano proporciona un nivel de aprendizaje que no puede ser alcanzado en otras dimensiones. Si no hemos completado el propósito de nuestro programa en este plano, lo continuaremos luego de morir hasta que sea momento de regresar y continuar en otro cuerpo físico. Existen ciertas lecciones que deben ser aprendidas solo durante la existencia humana. En algún punto, es como una graduación.

Esta es una de las principales razones por la que nuestros seres amados no nos dejan cuando fallecen. Dado que nos aman—y nos aman, no lo dude—no solo es su deber sino también su deseo ayudarnos a continuar con nuestro camino. Saben que para poder hacerlo debemos llegar a algún tipo de resolución con respecto a su muerte. Es parte del aprendizaje. Y, al hacérnoslo saber, están bien—felices y sin dolor—y no solo nos están diciendo que no nos preocupemos por ellos, sino que también nos dicen que no lamentemos su partida, porque aún están con nosotros. Un ejemplo perfecto de hasta dónde llegan los muertos para ayudarnos a resolver un duelo, ocurrió cuando una clienta vino a verme mientras estaba embarazada de mellizos.

Mientras hablábamos de su parto cercano, le dije a mi clienta que estaban llegando a mí un par de mellizos que habían fallecido, pero la mujer me aseguraba que no existían otros mellizos en la familia; y, claramente, los que ella tenía en su vientre, estaban vivos. Después de nuestra reunión, mi clienta le preguntó a su madre si sabía sobre otros mellizos en la familia, pero su madre dijo que no.

Luego de dar a luz, la mujer vino a verme por segunda vez y una vez más encontré a los dos mellizos que estaban en espíritu. Todo lo que podía decirle era que estaban allí, y que insistían en que le pertenecían a ella. Nuevamente, confirmó que sus dos bebés estaban vivos y volvió una vez más a su madre en busca de validación, preguntándole si de alguna forma, había olvidado a estos mellizos, tal vez de una generación previa.

En ese punto, su madre rompió en lágrimas y confesó que antes de que naciera mi clienta, había dado a luz a dos mellizos que habían muerto. Le dijo a su hija que nunca había podido hablar del tema porque había sido demasiado doloroso para ella.

No solo se resolvió el misterio, sino que mi clienta estaba segura de que sus propios mellizos habían llegado, en cierta medida, para "reemplazar" a los que su madre había perdido. Ella sintió que este nacimiento le daría a su madre la posibilidad de llegar a algún tipo de resolución para su pena. Y, además, ella y su madre podrían compartir un nivel de intimidad que hasta el momento no habían podido disfrutar ya que su madre no había sido capaz de compartir su secreto.

En esta instancia, mi clienta ni siquiera era consciente de que había algo que resolver entre ella y su madre, porque ella estaba abierta a la posibilidad de la continuación de la vida después de la muerte, y porque sus hermanos del otro lado comprendían que ella era lo suficientemente receptiva para su mensaje, y pudieron avanzar un paso más en el camino del crecimiento y la comprensión. Ayudar a las personas a lograr esto es una de las más grandes recompensas que mi don me ha otorgado una y otra vez.

Algunas veces, sin embargo, no podemos completar todas las lecciones que se supone que debemos completar en este plano, y cuando esto ocurre, nuestro aprendizaje y crecimiento deberá continuar en el más allá. Como he dicho, nadie pasa solo de este plano al siguiente. Siempre hay un pariente o ser amado que nos ayuda, pero el más allá no es, justamente, una gran reunión familiar. Dependiendo de lo que debe aprender el alma de ese individuo, las familias o seres amados permanecen juntos una vez que han muerto o no. Si bien existen otras instancias en las que las almas por alguna razón necesitan encontrarse del otro lado y, en esos casos, lo hacen porque es parte de su programa.

Ellos están ahí, generalmente en un grupo, para cuando necesitamos contactarlos, y muy a menudo más de un miembro de la familia se acercará para ayudar a validar o proporcionar información identificadora, pero por otra parte, el viaje de su alma puede llevarlos en diferentes direcciones. No todas las almas deben aprender la misma lección, o hacer el mismo trabajo. Algunas veces las familias están divididas—del mismo modo que acontece en esta vida.

Considere lo que ocurre cuando dos personas se casan jóvenes, antes de ser completamente maduros. Algunas veces crecen juntos y permanecen juntos por toda su vida. Pero muy a menudo, cuando crecen se dan cuenta de que deben caminar en diferentes direcciones. Cuando esto ocurre, pueden seguir amándose, y seguirán conectados—y a otros miembros de la familia con quienes están "relacionados"—por el vínculo de matrimonio creado, pero no necesariamente seguirán viviendo juntos. Lo mismo ocurre en el reino espiritual. El camino del alma es el crecimiento y es difícil, por no decir imposible, crecer si no avanzamos en nuestro propio viaje y salimos de nuestra "zona de confort".

Si lo piensa en términos de un trabajo—y recuerde que cada alma tiene un programa que puede ser comparado fácilmente con un trabajo—comprenderá que si continúa haciendo el mismo trabajo año tras año, nunca aprenderá nuevas habilidades, y se aburrirá de lo que hace. ¿Ha escuchado que la definición de demencia es hacer lo mismo una y otra vez, esperando resultados diferentes? (La excepción es para aquellos que trabajamos como médiums—ya que aprendemos más y más con lo que hacemos cada día—porque estamos "presos de por vida") Para crecer y aprender en el más allá así como en esta vida debe continuar, salir y tomar riesgos.

Es por esto que inclusive aquellos que mueren siendo niños siguen creciendo y madurando en el más allá. Cuando establecen contacto con este plano, siempre serán reconocibles, porque proveerán la información para validar lo que usted necesita. Muy a menudo, cuando un niño llega a mí, me proporciona su edad actual, no la edad en la que murieron. Luego, cuando les pregunto a los padres la edad del niño cuando falleció, la diferencia coincide exactamente con el número de años desde su muerte.

cuando llega el momento de volver

Si el alma nunca muere y el propósito de su viaje es el aprendizaje y el crecimiento, en algún momento el viaje continuará en este plano. Ese es el propósito de la reencarnación. Al final de cada vida, y durante las etapas entre cada vida, o nuestra alma aprendió todo lo que necesita para continuar en el siguiente nivel de crecimiento, o deberá aprenderlo sin un cuerpo físico. En cualquier caso, a todas las almas les llega el momento en que deben reencarnarse y volver a esta vida.

Todos estamos aquí con un propósito. Todos nosotros, en nuestros cuerpos físicos, representamos solo un paso en el viaje; y somos quienes somos porque cada alma ha elegido un camino particular para aprender y crecer. A medida que lea y aprenda más sobre lo que llamo el Programa para el Alma, comprenderá más sobre por qué sé que todo ocurre por una razón; no existen los accidentes en esta vida, y las coincidencias son simplemente la forma que tiene Dios para permanecer anónimo. Por ahora, déjeme asegurarle que está aquí con un propósito, y hacer contacto con aquellos que han fallecido es una forma de ayudarlo a descubrir cuál es ese propósito.

Cuando le digo esto a las personas, se preocupan de que su ser amado pueda reencarnar y volver a este plano antes de que tengan una posibilidad de contactarlos. Pero esto no ocurre nunca, por la simple razón de que los muertos saben lo que está ocurriendo en este plano, y es su trabajo estar allí para cuando usted los necesite. Es parte de su programa ayudarlo a completar el suyo, y por lo tanto—por más que puedan hacerlo—no lo dejarán solo mientras sepan que usted los necesita. Además, suele tomar cinco generaciones hasta que un alma específica se reencarna. Esta no es una regla, porque como en todo, existen excepciones. Por lo tanto, por favor—y sé que muchas veces solo escuchamos lo que queremos escuchar—no quiero que vaya por el mundo diciendo que Suzane dijo que solo se puede reencarnar cada cinco generaciones. No, lo que digo es que es lo que suele suceder, pero si alguien necesita conectarse con un ser amado de este lado o del otro lado, los muertos harán todo lo posible para que eso suceda. Una vez hablé sobre este tema en un seminario, y, cuando terminé, un caballero que trabajaba en los cementerios se acercó y me dijo que "eso de las cinco generaciones" tenía mucho sentido para él. Me dijo que era bastante común, entre quienes trabajaban en este ambiente, notar que después de cinco generaciones, las familias dejaban de visitar la tumba. Yo no sabía eso, ¿usted sí?

Pero si, por otra parte, ellos saben que hicieron su trabajo al hacerle saber que lo aman y que aún son parte de su vida, pueden no volver a contactarlo porque saben que lo que usted debe hacer es avanzar y liberarse de su dependencia de ellos para poder continuar con su propio viaje. Es por esto que muchas personas solo reciben un mensaje o establecen un único contacto con su ser amado en espíritu, mientras que otros permanecen "en contacto" más frecuentemente y por mucho más tiempo. Los muertos saben lo que necesitamos de ellos, inclusive cuando nosotros muchas veces no lo sabemos, y siempre tienen los mejores deseos para nosotros.

Lo más importante que cada uno debe recordar es que, aunque nuestros seres amados hayan partido a otro plano, no significa que nos hayan dejado. Aún se preocupan por nosotros y quieren ayudarnos. Si bien no podamos abrazarlos físicamente, podemos establecer contacto con ellos y hacerles saber que también los amamos. Todavía tenemos la posibilidad de decir las cosas que no dijimos en vida, y podemos resolver los problemas que dejamos sin resolución cuando se fueron. Debemos recordar siempre que, si bien nosotros podemos buscar una resolución, nuestros seres amados pueden no buscarla. Inclusive si estaban decepcionados, enojados, celosos o cualquier otra forma de infelicidad para con nosotros, estos sentimientos quedan atrás cuando fallecen, y harán todo lo que puedan para ayudarnos a estar en paz con nuestros sentimientos, porque todo lo que sienten por nosotros es amor.

capítulo tres
el programa de límites explicado

Cuando era mucho más joven, y no comprendía mi afinidad por la comunicación con los muertos, lo cual ahora aprecio como un don especial que me ha sido entregado por Dios, creía que los miembros de la Sociedad de los muertos se manifestaban, sin importar si yo lo quisiera o no. Algunas veces era embarazoso; algunas veces la gente pensaba que estaba loca; y algunas veces inclusive yo pensaba que estaba loca. Por mucho tiempo, intenté ignorarlos, esperando que se "rindieran" y llamaran a otra persona. Ahora me doy cuenta, por supuesto, que simplemente querían aprovechar mi "línea abierta" receptiva para hacerme comprender mi llamado, el cual aún no había reconocido. Pero también sé que si mi línea telefónica psíquica no hubiera estado receptiva a sus llamadas, no habrían venido. Mientras no estuve lista, no se mostraron. Esa es la premisa básica del programa de límites.

El programa de límites es un protocolo basado en el respeto amoroso, el cual establece que nadie en este plano o en espíritu puede ingresar en la vibración de otro sin su consentimiento. Para muchas personas, el concepto de que los muertos nos pueden contactar, o que nosotros podemos contactarlos, no solo es extraño sino también aterrador, particularmente si la relación entre los vivos y la persona que falleció no era cálida y amorosa. Y parte del miedo, creo yo, se debe al concepto equivocado de que los muertos están "espiándonos" desde el otro lado—que realmente pueden "ver" todo lo que hacemos en la tierra, todo el tiempo.

¿Quién querría, después de todo, que su suegra estuviera observando sus habilidades domésticas, o su sobreprotector padre juzgando sus relaciones actuales? Nuestros padres no nos miran mientras tenemos sexo (ni con quién, ni cómo), ni nos observan en el baño asegurándose de que nos "limpiemos" bien. Realmente no lo hacen. Eso sería, claramente, muy terrorífico para cualquiera, pero tenga la certeza de que no sucede. Si sucediera, estaría siendo bombardeada todo el tiempo por "mensajes" que no comprendo, que debiera entregar a personas que ni siquiera conozco.

Todas las personas asumirían que "leo sus mentes" o recibo comunicaciones de sus seres amados del otro lado. La gente se asustaría (con motivos) y probablemente me volvería loca, cosa que pensé que me pasaba los primeros días porque no comprendía cómo funcionaba el sistema. Pero ahora que lo comprendo, puedo sintonizar y desintonizar de las vibraciones de los muertos para hacerles saber cuándo, como suelen decir en sociedad, estoy "recibiendo" y cuándo "no estoy disponible para los visitantes". Y los muertos me respetan, como hacen con todas las personas de este plano.

hágales saber que está receptivo

Para poder recibir mensajes de nuestros seres amados en espíritu, debemos estar mentalmente y emocionalmente abiertos y preparados para aprender lo que tienen para decirnos. Como mínimo, debemos poder escuchar. También depende de nosotros hacerles saber cuándo estamos listos para recibir su comunicación. Para facilitar la comunicación, usted puede hacer una cita con los muertos, como hemos aprendido en la sección llamada "¡Usted también puede comunicarse!" De esta forma, sabrán cuándo y dónde espera contactarse con ellos. Pero aunque no lo haga, ellos podrán distinguir en base a sus vibraciones si usted está listo o no para recibir sus mensajes. Algunas veces, si usted aún está de duelo, si la muerte de su ser amado ha sido particularmente traumática o si aún siente enojo o confusión por su muerte, puede querer comunicarse, pero aún tener reservas.

Los muertos tienen pistas de cómo se siente usted sobre el contacto, y si usted aún está traumatizado o en un vaivén emocional, saben que no podrán llegar a través suyo. En realidad, nadie puede llegar a través de otro que se encuentra en ese estado. Para los muertos, tomar sus indicios es parte del programa de límites, y esperarán hasta que usted se sienta mejor y tenga calma. En este caso, depende de usted permitir que el muerto sepa, enviando un mensaje mental, cuándo está listo y cuándo no. Algo así como: "quiero saber de ti, pero aún no estoy preparado emocionalmente, o no estoy preparado para escuchar sobre ti".

Esto me recuerda a una madre en uno de mis seminarios, cuya hija dormía en la habitación del abuelo que había fallecido, y él la visitaba regularmente. Ella se lo contó a su madre, porque estaba asustada por las visitas. La madre me preguntó qué podía decirle a ella. Mi respuesta fue que estaba bien decirle a su hija que le dijera al abuelo que estaba bien que la visitara, pero que no era un buen momento. Tal vez pudiera venir en otro momento en el que ella estuviera más cómoda con las visitas. En ese caso, la madre no quería afectar el posible don que su hija estaba desarrollando, pero quería que se sintiera segura y en control de la situación.

El muerto respetará sus deseos, porque está conectado con usted a través del amor, y por lo tanto, su tarea es hacerle saber que las cosas están bien y que aún lo ama. Es por esto que muchas veces entregan su mensaje a través de otra persona, que suele ser otro miembro de la familia. Sucede también que el muerto puede aprovechar la buena voluntad y receptividad de un extraño, como sucedió en una de mis últimas sesiones espiritistas. Esta visita inesperada nos proporcionó una de las experiencias más movilizadoras de toda la tarde—tanto que inclusive aquellos que no estaban involucrados pudieron sentir que fue particularmente emocionante para la persona que recibió el mensaje:

Una mujer, Rita, había venido a la sesión espiritista con su hermana, y ambas recibieron y dieron la bienvenida a varios miembros de su familia. Luego, cerca del final, una mujer apareció, mostrándome insistentemente una vela que había sido encendida como bienvenida. Seguro ¡una vela! Prácticamente todos en la habitación creían que en alguna ocasión una vela había sido importante, pero nadie pensaba que esta vela en particular tenía importancia para ellos. Nadie reclamaba el mensaje, hasta que Rita recordó que recientemente había estado en el funeral de la madre de una amiga, en el cual se habían encendido velas. Esa era, exactamente, la conexión que la mujer en espíritu había estado tratando de hacer. Ella hizo saber que quería que Rita les dijera a la hija y al nieto que había venido, y que ahora estaba bien y ya no sufría más. Dijo que había permanecido en este plano más tiempo del que hubiera querido, que ahora era mucho más consciente de lo que estaba pasando y de lo que su hija creía, y que estaba feliz de estar donde estaba. Indicó que su marido, quien había fallecido antes que ella, la había acompañado, y reconoció una fuente de plata que había sido de ella y que su hija le había regalado a Rita luego de su muerte.

Cuando la conexión terminó, Rita lloraba y la emoción en la sala era palpable. Tal vez fue porque el mensaje no había sido esperado o porque estaba lleno de amor, pero definitivamente fue una de las conexiones más asombrosas de ese día.

Dado que la muerte era tan reciente y las emociones de la hija estaban tan a flor de piel, Rita no quiso dar la información de manera directa, pero quería cumplir el pedido de la madre, por lo tanto, llamó al esposo de su amiga y le contó lo que había ocurrido. Le sugirió que esperara para entregar el mensaje hasta que sintiera que su esposa estaba lista para recibirlo, y le hizo saber que cuando quisieran le permitiría escuchar la grabación que había hecho de la sesión.

Los muertos son extremadamente sensibles a los sentimientos de aquellos que han dejado en este plano, pero una vez que usted les hace saber que está abierto a escuchar de ellos (como Rita hizo ese día al participar de la sesión espiritista), ellos responderán porque lo aman y es su deber hacérselo saber.

Sin embargo, los mensajes que reciba puede que no sean exactamente los que está esperando ¡Escúchelos! Algunas veces debe escuchar ese mensaje por más que no quiera hacerlo.

Recuerde que, sea cual fuera nuestra noción preconcebida de cómo deberían hablar con nosotros o lo que queremos que nos digan, nuestros seres amados pueden tener una agenda diferente a la nuestra. Ahora están en un lugar diferente—tanto literal como figurativamente, y lo que parece ser importante para usted puede no ser importante para ellos—o tal vez ni siquiera quieran hablar sobre lo que usted considera importante.

Al tratar con los vivos, debemos comprender que no todos están dispuestos o pueden comunicarse de manera tan abierta como desearían. No todos son capaces de expresar sus sentimientos. Tal vez su madre era muy cálida y abierta, mientras que su padre era más "reservado". Esto no quiere decir que su padre lo amara menos; simplemente significa que guardaba algunas cosas para mí mismo. Sucede en la mayoría de las familias que muchas cosas quedan sin decir. Incluso cuando alguien muere esperamos que esta dinámica cambie. Y cambia, ya que los muertos asumen su responsabilidad de hacernos saber que van a volver, pero parecemos esperar que vengan cuando queremos y que nos digan lo que queremos oír. Esto no siempre sucede así en la vida, por lo tanto, tampoco debemos esperar que suceda después de la muerte.

Muchas veces no somos conscientes de que estamos abriendo la puerta o invitando a nuestros seres amados para que nos visiten, y es por eso que la respuesta que recibimos puede sorprendernos. Muchas veces es la "coincidencia" lo que convence a los escépticos de que existe algo más que su propia vida.

Una vez, un escéptico me telefoneó durante un programa de radio en el cual participaba hacía no mucho tiempo, y me contó la historia de cómo abrió su mente:

El hombre comenzó a contar que había estado instalando un ventilador de techo en su nuevo departamento. Su amigo, que estaba allí para ayudarlo, le preguntó dónde había aprendido a hacer eso, y él le comentó que su padre, que había sido un electricista, le había enseñado. Se quedó pensando en su padre, y que, sin dudas, si hubiera estado ahí, el trabajo habría sido mucho más rápido. Luego, cuando estaba por terminarlo, se dio cuenta de que le faltaban dos tornillos que eran esenciales para sostener el ventilador. Quejándose porque ningún trabajo es tan fácil como parece, bajó de la escalera y fue hacia la caja de herramientas que su padre le había dejado, para ver si encontraba dos tornillos que pudieran funcionar. A medida que buscaba en la caja de herramientas, justo arriba de las herramientas encontró dos tornillos verdes y brillantes que sobresalían de las demás cosas. ¡Los tornillos eran del tamaño correcto! Totalmente atónito, tomó los tornillos y completó *su tarea sonriendo.*

Inclusive este hombre, tan escéptico, admitió que las probabilidades de haber encontrado dos tornillos del tamaño exacto y que fueran de un color diferente a los demás tornillos de la caja, estaba fuera de los límites de cualquier coincidencia. Algunas veces, la ayuda que obtenemos de los muertos puede ser muy práctica.

Algunas veces pedimos cosas que, cuando las conseguimos, somos demasiado ciegos o tontos como para aceptarlas. Esto me sucedía hace muchos años cuando era muy pequeña, pobre y, por lo tanto, comprendía menos sobre las cosas en las que ahora trabajo. Un día, estaba sentada en mi departamento, esperando poder costear los ingredientes para hacer un guiso de vegetales. Era todo lo que quería, y recuerdo haberle dicho a Dios: "Todo lo que quiero es un plato de guiso. ¿Es mucho pedir? ¿Soy tan mala persona?" Y luego, 20 minutos después, una amiga me invitó a cenar en agradecimiento por algo que había hecho para ayudarla con un problema. ¿Qué piensa que hice? Le dije: "No, está bien, no tienes por qué invitarme." Rechacé su invitación. Había obtenido lo que quería—algo para comer—y lo rechacé porque no era exactamente de la forma en que lo quería.

Pensamos que la información nos va a llegar de la manera en que la esperamos; inclusive decidimos qué tipo de información queremos y cómo la vamos a obtener. Pero no siempre sucede así. Hoy entiendo que ese día me estaban confirmando que no era una mala persona, y podría haber comido mi guiso si hubiera querido, pero simplemente no pude verlo en ese momento porque no fue lo suficientemente evidente para mí. Le pido que esté alerta y menos terco que yo para poder reconocer cuándo está recibiendo lo que pidió—inclusive si no llega en la forma en la que usted lo imaginó—y para no rechazarlo.

algunas veces no se lo pueden decir porque lo aman

Algunas veces sucede que queremos alguna ayuda en particular o información específica de un muerto que este no puede entregar debido a los protocolos del programa de límites. Los muertos no pueden, por ejemplo, brindarnos información que interfiera con nuestra progresión kármica, cambiando el curso del viaje de nuestra alma aquí en la tierra.

Si bien es su trabajo ayudarlo a trabajar y resolver su duelo para poder continuar con su vida, no pueden interrumpir o redirigir el camino que usted ha elegido porque esto negaría su libertad de elección (sobre lo que hablaré en detalle en el próximo capítulo) y evitar que aprenda las lecciones que debe aprender, dañándolo en vez de ayudándolo. Y recuerde, todo esto se trata de amor.

Por lo tanto, cuando un cliente me pregunta si un muerto le puede decir lo que sucederá en el futuro, le respondo: "Probablemente sepa la respuesta, pero no quiera contárselo". Si usted quiere preguntarle a su madre, que ahora está en espíritu, si debería casarse con George o renunciar a su trabajo, probablemente no obtenga una respuesta porque esa decisión depende de usted—es una de las lecciones que debe aprender. Y, si se casa con George y resulta ser un imbécil, o si renuncia a su trabajo y termina en otro que es peor, bueno, también son lecciones que debe aprender.

Pero los muertos lo aman, por lo tanto quieren ayudarlo en todo lo que puedan. Es por esto que probablemente pongan una situación o persona en particular en su camino— de manera anónima, por supuesto—y luego dependerá de usted aprovechar la oportunidad o no. Muy a menudo, cuando un padre muere, el sobreviviente puede "encontrar a una persona" en el corto tiempo y luego, en una sesión, el padre pueda asegurar que ha "arreglado" todo para que ese encuentro ocurra. Colocar una persona o circunstancia en su camino es una forma de ayudarlo a continuar con su vida—siempre y cuando usted esté lo suficientemente alerta para ver la oportunidad y aprovecharla. Piense en los muertos como ángeles guardianes porque, si bien no todos los ángeles guardianes son personas muertas conectadas a usted, muchos lo son, y es su trabajo hacer lo mejor para usted. Si los necesita, puede pedir ayuda, y la obtendrá de aquellos que se encuentran en el otro lado.

Siempre estarán allí para usted, y quieren que usted lo sepa. Es por eso que, en ciertas ocasiones como vacaciones, las personas dicen "sentir la presencia" del ser amado, o pueden recibir un mensaje que, en retrospectiva, sepan que viene de una persona en particular del otro lado. Esto se vuelve particularmente cierto en eventos que marcan un punto significativo en la vida de la persona. Por ejemplo, las novias o novios sienten que su padre, en espíritu, estuvo presente durante la ceremonia de bodas.

ellos lo respetan porque lo aman

El programa de límites, como he dicho, se basa en el respeto por sus sentimientos y su privacidad. Por esta razón, los muertos no le proporcionan información en presencia de otras personas si ésta puede dañar su relación con aquellos que aún viven.

No hace mucho tiempo, una mujer vino a verme acompañada por su hija y su hermano, quien parecía ser un cura. El esposo de la mujer había fallecido y quería darle a su hija la posibilidad de conectarse con él. Desde el momento en que ingresaron a la sala, sentí que el hermano de la mujer se resistía a lo que íbamos a hacer, y actuaba un tanto extraño. En ese momento, se lo atribuí al hecho de que era un cura y que su llamado religioso no permitía que se abriera ante la posibilidad de la comunicación después de la muerte, como suele pasar con muchas personas religiosas.

El esposo de la mujer vino ese día. Tanto ella como el hermano reconocieron la información que estaban recibiendo mediante respuestas "sí" y "no", pero estaban mucho menos comunicativos que las demás personas, especialmente por haber participado de una sesión privada. Generalmente las personas no solo reconocen que comprenden el mensaje, sino que buscan hacerme saber el motivo por el cual es significativo para ellos—sin embargo, no sucedía así con estas dos personas.

Solo más tarde supe, porque la mujer me lo contó, que su hermano y su esposo no se llevaban bien, y que su hija no sabía del resentimiento entre ellos. Me comentó que su hermano tenía miedo de que su esposo pudiera decir algo sobre su relación que pudiera afectar la relación con su sobrina, y era por eso que se había comportado tan extrañamente.

Por supuesto, el padre no hizo público un hecho que era privado entre él y su cuñado. Él estaba consciente de la dinámica de la familia y no habría permitido que sus propios sentimientos dañaran la relación entre su hija y su cuñado. De eso se trata el programa de límites. Si la mujer me hubiera contado esto antes, les habría confirmado que no iba a suceder lo que temían. De todos modos, me preguntaba por qué su hermano había asistido, pero sospecho que habría estado tan nervioso por no escuchar lo que se decía, como por escucharlo.

En las sesiones espiritistas y seminarios, a los que asisten grandes cantidades de personas, la mayoría son extraños entre sí, no están relacionados y la privacidad es aún más relevante que en conferencias privadas. En grupo, es casi como si a uno le pidieran caminar desnudo en público—de hecho, las emociones suelen quedar expuestas ante la sala completa. Esta es una de las razones por las que siempre bajo las luces durante mis sesiones. Pero, de nuevo, el protocolo de respeto siempre está presente—al menos por parte de los muertos. Los vivos, como he dicho, no siempre son tan respetuosos.

Luego de una sesión espiritista que realicé en mi casa hace un año aproximadamente, una de las participantes, una mujer llamada Harriet, me comentó que me había visitado varias veces en sesiones privadas. Por supuesto, yo no tenía idea de lo que había sucedido, porque veo a muchas personas y porque casi nunca recuerdo lo sucedido a menos que alguien me lo cuente después.

Durante la sesión espiritista, Harriet recibió muchos reconocimientos y mensajes de seres amados que habían fallecido, entre ellos el de que su hermano estaba bien, quien sabía que había sido difícil para toda la familia. Sentí un dolor en la cabeza y la parte superior de mi cuerpo y supe que se había ido rápidamente, pero no supe nada más sobre la forma en la que había muerto.

Después de la sesión, Harriet me dijo que su hermano se había disparado, y que en nuestra sesión anterior yo había descripto la manera en que había muerto tan certeramente que ella había quedado "asombrada". Y ella se preguntaba por qué la información que él había dado durante la sesión espiritista había sido mucho menos específica.

Le dije que había dos posibilidades. La primera era que, dado que ya se había acercado a ella antes, y que él sabía de su conexión continua, no sentía la necesidad de decir nada más en esa ocasión, solo confirmarle que seguía allí. O, tal vez trataba de proteger su privacidad al no revelar datos específicos de su muerte frente a una sala llena de gente con quienes tal vez ella no hubiera querido compartir esa información. Siempre hay un motivo, por más que lo comprendamos o no, para que los muertos se expresen o no.

cuando su ser amado fue asesinado

Obviamente, todas las muertes violentas son traumáticas, no solo para los sobrevivientes, sino también para la persona que ha fallecido. En casos de asesinato, las ramificaciones pueden ser extremadamente difíciles para ambos. Las dos cosas que las personas quieren saber sobre sus seres amados, cuyas muertes fueron provocadas por algún tipo de acto violento, son si la víctima sufrió y de alguna forma "investigarlo".

Las muertes violentas pueden complicar la comunicación porque pueden haber sido tan repentinas o impactantes que el muerto aún no se da cuenta que murió. Dado que la comunicación depende de la continuación de la consciencia, no puedo llegar a una persona que aún no sabe que ha muerto.

En estos casos, suelo recibir un mensaje de alguien cercano a la víctima, tal vez de la persona que lo ayudó a cruzar, quien le hace saber a la familia que su ser amado no está solo y que está "bien".

La pregunta "quién lo hizo" suele ser más complicada, y la respuesta está gobernada por los protocolos del programa de límites. Pueden existir circunstancias en las que el muerto sienta que lo está poniendo en una situación de peligro al revelar esta información, y, en esos casos, simplemente no la proporciona. Pude experimentar cómo funcionaba este protocolo hace algunos años, cuando vinieron un hermano y una hermana a verme, queriendo contactar a su madre, quien había sido asesinada.

La madre, según me dijeron, había atendido un llamado a la puerta y, quien fuera que estuviera del otro lado, le había disparado en la cabeza. Sus hijos estaban en la casa, pero no habían visto al perpetrador. Ahora querían que les dijera quién la había matado. La madre hizo contacto durante nuestra sesión y proporcionó la información necesaria para que los hijos validaran que era ella, pero no me dejó contar quién la había asesinado. En este caso, tuve que explicarles a los hijos que era algo que no debía saberse y, personalmente, creo que ella sabía (o creía) que su ignorancia era la única forma de protegerlos del mal.

En otra ocasión, el resultado fue un tanto diferente. En este caso, el hermano de mi amiga había desaparecido y ella me preguntó si podía descubrir lo que le había pasado. Mi amiga estaba casi segura de que estaba muerto, pero no habían encontrado ningún cuerpo. Si bien no suelo localizar cuerpos o ayudar en investigaciones policiales por una serie de razones que comentaré luego, quería ayudar a mi amiga. Pude "ver" el cuerpo de su hermano en el baúl de un auto, y vi que el auto estaba cerca del agua. No podía saber si el cuerpo aún estaba en el baúl, pero supe que el hombre estaba muerto, e inclusive pude saber el nombre del asesino, que resultó ser alguien que su hermana conocía bien. En este caso, me permitieron recibir la información, porque el muerto pensaba que sería apropiado contármelo.

De hecho, algunas veces la víctima insiste en proporcionar la información. Una mujer vino a verme con sus dos hijos buscando contactar a su ex esposo, quién se había mudado al sur y se había vuelto a casar hacía un tiempo. Recientemente había desaparecido y no tenía pruebas de que estuviera muerto. De hecho, su nueva esposa insistía en que simplemente se había "marchado". Inclusive les envió a sus hijos una foto del estanque que él había estado construyendo porque, ya que el padre había estado tan orgulloso de eso, ella creía que los hijos querrían verlo. Sin embargo, el hijo mayor creía que su padre realmente estaba muerto. Claramente, el hombre se mostró de inmediato anunciando vehementemente que su segunda esposa y su novio lo habían asesinado. También mencionaba constantemente el "estanque", y su insistencia puede haber hecho que su hijo mayor sospechara, porque le pidió a la policía del pueblo donde vivía su padre que investigara y, cuando lo hicieron, encontraron que había sido enterrado allí.

Estos son ejemplos extremos, por no decir violentos, de cómo funciona el programa de límites, pero deberían ayudarlo a comprender que es un protocolo cuyo objetivo es nuestra protección y es un ejemplo de las formas en las que nuestros seres amados hacen lo mejor por nosotros, por más que hayan fallecido.

Este protocolo protector puede tener, inclusive, ramificaciones más amplias en relación con la capacidad de contacto del médium con el muerto. Muy a menudo, si no podemos darle a los vivos la información que buscan, lo perciben como una falla de nuestra parte por no proporcionar otra información que podríamos haber provisto. Lo que las personas no comprenden, sin embargo, es que los muertos pueden estar protegiéndonos (a los médiums) del mismo modo que protegen a sus seres amados.

¿Qué pasaría si, en efecto, acusáramos a alguien de asesinato? ¿Quién nos creería? Ciertamente nuestra información no podría ser utilizada como evidencia en una corte, y podríamos ser amenazados con una demanda por calumnias por parte de la persona a la que hubiéramos acusado. Los muertos saben que es muy riesgoso proporcionar ese tipo de información.

O también puede suceder que el muerto ha superado la causa de su muerte y ahora está preocupado por lo que su alma deba completar para continuar con su viaje. No podemos simplemente asumir que nuestra agenda es la misma que la de quienes fallecieron.

Recientemente, con la publicidad que reciben los secuestros infantiles, me siguen preguntando (y no muy amablemente, debo decir) por qué, si soy "tan buena" no puedo encontrar a todos estos niños perdidos. Sinceramente, estoy cansada de ser acusada de "lavarme las manos" o, de alguna forma, fallar en mi trabajo. Mi respuesta para estas personas es siempre la misma: si nunca trabajó con alguien de mi campo, ¿cómo puede saber cómo funciona el trabajo de los médiums? Más aún, si tuviéramos acceso a la información de todos los crímenes, no habría libre albedrío ni elecciones en la vida, como hoy las conocemos.

Los médiums son "psíquicos", pero no todos los psíquicos son médiums. Y, dado que los psíquicos ayudan a la policía en sus investigaciones, debo señalar la diferencia entre la forma en que recolectan información y la forma en la que los médiums trabajan. Es cierto que ambos hurgan en el mismo sistema de conciencia, pero los psíquicos no se conectan directamente con las personas muertas. Trabajan con información y evidencia, y se han capacitado para recibir detalles específicos relacionados con un caso en particular. Pueden llevar a los investigadores a un lugar en particular o al arma en sí, pero no se conectan con la víctima para descubrir quién fue el perpetrador.

Además, los psíquicos trabajan con los departamentos policiales de pequeños pueblos donde los medios de comunicación no están tan atentos y existe menos presión política que en las grandes ciudades o en casos complicados. Es la familia de la víctima, en lugar de la policía, quien transmite la información que recibe del psíquico a las autoridades correspondientes. Cuando la mirada de la publicidad se encuentra sobre un caso, sin embargo, la policía no suele admitir que estaban tan "perdidos" como para consultar a un psíquico. Por lo tanto, antes de acusarme a mí y a mis colegas de no cumplir con nuestro deber cívico, sería bueno que piensen seriamente en las ramificaciones de lo que nos piden.

mi rol en el programa de límites

Si bien no depende de mí, sino de los muertos, decidir qué mensajes o información se envían a sus seres amados, creo que yo también tengo ciertas responsabilidades como médium. Solo puedo repetir lo que considero es un don entregado por el Poder Superior, y creo que debo amar ese don y tratarlo como una bendición. Y, dado que la gente viene a mí es tan dependiente de mí para interpretar la naturaleza y el contenido de los mensajes que recibo, creo que debo vigilar y ser cautelosa con respecto a cómo y qué les digo.

En algunos casos, el muerto puede transmitirme de varias formas que alguien cercano a él está por fallecer. Si bien muchos en mi profesión pueden no estar de acuerdo conmigo, personalmente creo que no tengo derechos a entregar esa información con demasiado detalle. De hecho, no recibo información textual, escrita en blanco y negro, o "hablada" en un idioma claro. Los muertos suelen comunicarse "mostrándome" un objeto, señalando alguna parte del cuerpo, o transmitiendo un sentimiento, y puede suceder que malinterprete la señal que están enviando. Por lo tanto, si bien es importante—y, de hecho, mi deber y responsabilidad—informar a los vivos de todo lo que sus seres amados puedan querer decirme, siempre hay formas de impartir la información que me permita estar cómodo y a quien lo recibe, más receptivo para lo que debo decir.

Puedo, por ejemplo, sugerir que un muerto me ha dicho que es importante que alguien que haya estado alejado de su familia, haga las paces. Puedo decir que el muerto me aconseja visitar un hogar, o pedirle a la persona que haga contacto con un tío o tía. Mi cliente luego podrá tomar la sugerencia y actuar en consecuencia, o no, según lo desee. Y, de hecho, como todo en la vida, todos tenemos la libertad para tomar esa elección, y la elección que hagamos afectará el curso del viaje de nuestra alma, en esta vida y la siguiente.

capítulo cuatro
el concepto del libre albedrío

Creo firmemente en la existencia de un Poder Superior, y esta creencia se ha intensificado con el curso de mi trabajo. Pero, cuanto más fuertemente creo en ese Poder Superior (o como lo quiera llamar), también creo con igual convicción que Él/Ella/Eso nos ha dado el don del libre albedrío y que donde existe libre albedrío. Por definición, deben existir las decisiones. Es por este motivo que los muertos no pueden interferir con nuestra capacidad de seguir nuestro propio camino, por más que queramos que ellos decidan por nosotros.

Piense en cómo sería el mundo y su vida en este plano si no tuviera libre albedrío. No habría motivos para que tome una decisión por sobre otra—o, en todo caso, no habría motivos para tomar decisiones. ¿Cuál sería el significado de "moralidad", "ambición" o "motivación", o del bien y del mal? Si todo en nuestras vidas—en este mundo y en el que sigue—estuviera predestinado, ¿para qué viviríamos? Cuál sería el propósito de la vida ¿Cómo podríamos creer en un Poder Superior que fue responsable no solo del mal en el mundo, sino también de nuestras malas elecciones o acciones? Pero, en realidad, el viaje de nuestras almas no está predefinido, sino que se encuentra determinado por las elecciones que tomamos como resultado de nuestro regalo del libre albedrío.

creando el karma

Dado que el karma es un concepto esencialmente oriental, muchas personas del oeste no lo comprenden con claridad. A menudo las personas hablan sobre el karma y piensan que es una cuestión de recompensas y castigos. Cuando algo malo les ocurre, asumen que están siendo castigados por algo que hicieron (y, obviamente, piensan que no lo deberían haber hecho). Pero lo que el karma realmente nos dice es que todas las acciones que tomamos tienen consecuencias y que somos responsables de las consecuencias de nuestras acciones. En términos bíblicos, "el hombre cosecha lo que siembra", y desde una perspectiva científica, cada acción tiene una reacción. Claramente, esto no es lo mismo que ser castigado por nuestras malas acciones.

En otras palabras, si tomamos una decisión gracias a nuestro libre albedrío, esa decisión tendrá consecuencias particulares. Si continuamos tomando esa misma decisión, las consecuencias serán siempre las mismas, y a eso se lo llama permanecer en la rueda del karma. La rueda gira y gira—o, como dice el dicho: lo que va, vuelve—y si permanecemos allí, seguiremos viajando en círculos. Pero, por supuesto, también podemos decidir sobre esto y podemos elegir salir de la rueda tomando una decisión diferente.

Si seguimos tomando siempre la misma decisión, y cada vez que la tomamos obtenemos la misma triste consecuencia, no se debe a que algún Poder Superior haya predestinado que nunca seríamos felices, sino que simplemente no hemos aprendido, en base a la experiencia, a tomar decisiones diferentes. Nadie nos castiga, solo nosotros, y existe una razón para esto.

el karma y el viaje del alma

Para comprender completamente la relación entre el karma y la libertad de elección, debe recordar que su vida actual, o encarnación en este plano, es solo una parada del interminable viaje de su alma.

Ya hemos hablado sobre el hecho de que sin libertad de elección, la vida no tendría un verdadero propósito. Estaríamos todos sentados esperando que suceda lo que otro dispuso. Pero la vida sí tiene un propósito, y todo sucede por una razón. Y tal vez muchas veces no es consciente de esta razón porque es resultado de una elección tomada por el alma antes de llegar a este plano.

Dado que la percepción humana en el plano físico se encuentra limitada por la relación tiempo y espacio, por lo general no somos conscientes de la experiencia de nuestra alma fuera de este plano. William Wordsworth, el gran poeta romántico, lo dijo de manera hermosa: "nuestro nacimiento no es más que un sueño y un olvido". Pero, que no seamos conscientes en esta vida de las elecciones que nuestra alma pueda haber hecho antes de que "naciéramos", no significa que no traigamos un karma con nosotros a este mundo. Si no pudimos salir de la rueda, y, en consecuencia, seguimos viajando en círculos, y si nuestra alma ha hecho todo el trabajo en el reino espiritual para moverse a un plano superior, puede suceder que necesite de un cuerpo físico para completar ese trabajo y dar el siguiente paso en su viaje. Es en ese momento cuando ocurre el "nacimiento".

eligiendo a sus padres

Las decisiones que cada uno de nosotros toma antes de llegar a este plano determinan nuestra identidad física y nos proporcionan la base no solo para esta vida sino también para el más allá y las vidas que vendrán. Ninguno de nosotros está aquí por casualidad, ni tampoco por casualidad somos quienes somos. Siempre hay un motivo para nuestra identidad presente, y ese motivo es la elección que hace cada alma antes de ingresar a este plano de quiénes serán sus padres.

Aquellos que hayan tenido una relación infeliz o difícil con sus padres pueden no querer creer que fue una "mala" elección suya— puede inclusive pensar que puedo estar loca por pensar que puede haber tomado una mala decisión. Pero le puedo asegurar que, en primer lugar, no estoy loca, en segundo lugar, no existen "malas" elecciones y, en tercer lugar, usted definitivamente elige a sus padres.

El motivo por el cual eligió a los padres que eligió tiene que ver con las lecciones particulares que debe aprender su alma y con el trabajo que debe realizar durante su viaje en esta tierra. Así, por más que piense lo contrario, ha tomado una "buena" decisión para el crecimiento de su alma. Debe ser usted mismo, en este momento y en su estadía en este plano y, al elegir a sus padres ha elegido, sin dudas, su propia identidad.

Si sus padres son amorosos y comprensivos, tal vez deba aprender a ser más agradecido por lo que la vida le ha regalado. Si son asfixiantes y protectores, tal vez deba aprender a ser más firme e independiente. Los niños cuyos padres mueren mientras son pequeños recibirán cierto tipo de aprendizaje, mientras que aquellos que deban cuidar a su padre o madre cuando son ancianos, tendrán otro muy diferente. En cada una de estas situaciones, las lecciones que aprenda serán las que deba aprender.

No sé por qué cada alma toma las decisiones que toma, como probablemente usted tampoco lo sepa—al menos mientras esté en este plano—pero lo que sí sé es que estas elecciones no son arbitrarias y quiénes somos no es nunca una simple coincidencia. Existen razones que pueden estar más allá de nuestro poder humano, pero siempre son para un bien mayor, y para la elevación espiritual del alma.

eligiendo a su familia

Cuando elegimos a nuestros padres, también—debería ser obvio, pero no siempre lo es—elegimos a toda nuestra familia. Las dinámicas de cada familia forman parte del proceso de aprendizaje.

Cualquiera que tenga hermanos sabrá qué tan diferentes pueden ser entre sí, inclusive cuando hayan sido criados en la misma casa y por los mismos padres. La verdad es que los hijos no se crían exactamente en el mismo entorno. El hijo mayor, por ejemplo, llegó al mundo como el primogénito, sus padres probablemente hayan sido jóvenes y pueden no haber tenido mucho dinero. La madre debe haberse quedado en su casa para cuidar al bebé. Supongamos que el hijo más joven nació varios años después, y tiene hermanos mayores.

Ahora la familia puede estar más estable en su economía y puede haberse mudado a un lugar más lindo de la ciudad, y vivir en una casa en lugar de un departamento. Tal vez, para ese entonces, la madre haya regresado al trabajo y esté en condiciones de contratar a una niñera. La familia en la que nace el hijo menor es muy diferente de aquella que recibió al primero.

Como resultado, estos niños tendrán diferentes experiencias por más que no existan eventos o circunstancias dramáticas que los diferencien. La forma en la que son tratados los afectará por el resto de sus vidas y se vuelve parte de lo que cada alma aprende durante su viaje. Y, por supuesto, cada uno de esos niños puede elegir ser el mayor, el menor o alguno intermedio, ya que también es resultado del libre albedrío.

eligiendo su viaje

Elegir su identidad implica mucho más que el simple hecho de optar por ser una bella rubia animadora en lugar de un rollizo y tímido estudiante, aunque esto, sin dudas, sea parte de su identidad. También implica que ha elegido el camino para su vida, porque quien usted sea determinará cuáles experiencias tendrá en el camino. Esto no significa que su vida entera esté predestinada y que deba "seguir el rumbo marcado porque nada de lo que hiciera podría cambiar lo que ya hubiera sido determinado". Si eso fuera real, negaría el concepto de libre albedrío y sus decisiones no tendrían sentido.

Lo cierto es que tiene el poder de afectar los sucesos de su vida. Puede haber elegido nacer en una familia rica o pobre, blanca o negra, que vive en Beverly Hills o en un país destrozado por la guerra como África, pero cómo responda ante sus experiencias dependerá absolutamente de usted. Podría, por ejemplo, ser un hombre apuesto y carismático con padres amorosos y generosos quienes le hayan brindado la mejor vida, y usted podría arruinarlo involucrándose con las drogas, cometiendo un crimen o terminando en prisión. Es un escenario bastante extremo, pero ha ocurrido. O también puede haber sido criado por padres separados en un país del tercer mundo, haber sido excelente en la escuela, ganar una beca en Harvard, y convertirse en el doctor responsable de una innovación médica revolucionaria. Una vez más, es un extremo, pero no es un sueño imposible, especialmente si piensa en la vida de Nelson Mandela, quien defendió a sus compatriotas y fue encarcelado durante 30 años por la clase dominante blanca, para resurgir como gran líder al salir de prisión.

Desconozco cuál habrá sido su programa específico, pero sé que él eligió las circunstancias que sucederían en su vida, y que esos años detrás de las rejas en Sudáfrica eran parte necesaria de su viaje. Podría haber reaccionado de manera diferente ante su encarcelamiento; podría haber salido con enojo y quebrado, pero no fue así. En lugar de eso, su determinación, forjada en la adversidad, se había vuelto más firme que nunca.

Cuando haya elegido su conjunto de circunstancias, la trayectoria de su vida se verá determinada por sus respuestas—provenientes de su libre albedrío—ante estas circunstancias. Los resultados no están predestinados, sino que son el resultado de sus decisiones. Nuevamente, esto se relaciona con el karma y con el hecho de que cada decisión que tomamos tiene consecuencias particulares en nuestras vidas.

La vida es un proceso y todo lo que ocurre en ella no solo es parte de ese proceso sino también del viaje de nuestras almas. Consideremos el siguiente ejemplo extremo, aunque, lamentablemente bastante común. Digamos que un niño es abusado o maltratado cuando, él o ella, era muy pequeño. Ningún niño responderá igual al tratamiento que reciba. Uno se volverá más fuerte, otro más rudo, otro podrá desarrollar sentimientos de compasión y querer trabajar en servicio social con niños abusados, mientras que un cuarto podría convertirse en un abusador.

Existen infinitas posibilidades de repuesta de los individuos y de lo que cada alma aprenderá de cada circunstancia. Como individuos podemos no darnos cuenta de cómo las decisiones que tomamos cuando somos adultos se ven influenciadas por decisiones previas, pero nuestra alma lo sabe, y nosotros lo descubriremos en esta vida, o en la siguiente.

Y así volvemos a la pregunta de por qué una persona puede tomar decisiones aparentemente positivas mientras que la otra parece elegir tan mal. Recuerde que no existen las malas decisiones. Las decisiones que haya tomado originalmente—sobre quiénes serían sus padres y, por lo tanto, quién sería usted—fueron tomadas según las lecciones que su alma debía aprender, y, sea cual fuera la forma en la que responda a las consecuencias de esas elecciones, aprenderá algo, aunque ese algo sea la necesidad de aprender a tomar mejores decisiones.

el poder de nuestras vibraciones

Cada uno de nosotros atrae a ciertas personas o circunstancias a nuestras vidas, y la forma en la que lo hacemos es a través de las vibraciones que emanamos. La vida se compone de energía, ya sea en el plano físico o energía spiritual del alma que ha dejado su cuerpo físico. Esta energía crea un poder vibratorio que se atrae y conecta con las energías de los demás.

Ya he comentado que la forma en la que recibo mensajes de los muertos es sintonizando mis vibraciones en la misma frecuencia que la que ellos me envían. Por lo tanto, debería resultarle sencillo comprender que las vibraciones que emite estarán, más o menos, en sintonía con las vibraciones de otras personas, o simplemente otras fuentes de energía.

Como sabemos, la energía nunca muere y es la continuación de la energía del amor la que nos conecta con aquellos que se han ido. Pero también es la energía la que nos conecta con otros en este plano. Cuántas veces hemos escuchado a alguien decir, luego de una cita a ciegas o una reunión con un socio potencial: "No habían chispas entre nosotros" o "Me gustó, pero no me atraía". Es el tipo de energía vibratoria que cada uno de nosotros emana lo que determina quién nos atraerá y quién no, y quién será atraído por nosotros y quién no.

Todos sabemos que quienes son alegres, optimistas y positivos, envían esas "señales" a las personas que se encuentran a su alrededor, mientras que quienes están deprimidos o siempre miran el vaso medio vacío, envían esas características a los demás. Nuestra "actitud" es parte de nuestra reacción ante las circunstancias de nuestras vidas, y las señales que enviemos determinan a quién o qué atraemos hacia nosotros.

De todos modos, no siempre las personas deprimidas atraerán a personas deprimidas, o las personas alegres a otras personas felices. Estoy segura de que ha oído la frase: "los opuestos se atraen", y algunas veces es verdad. Pero, sin importar a quién o qué atraiga, puede estar seguro de que es por una razón, inclusive si esa razón no es evidente en ese momento.

Tal vez note que sigue encontrándose con personas que están necesitadas o que demandan su tiempo y atención. Tal vez se pregunte: "¿por qué soy un imán para los lastimados del mundo?". Bueno, pueden haber muchas razones, y no pretendo conocer la respuesta—especialmente porque no lo conozco. Pero una de las razones puede ser que su alma necesita aprender paciencia o compasión para crecer y continuar. Otra razón igualmente válida es que deba aprender a decir que no. O tal vez usted tenga un grupo cercano de amigos que siempre están ahí cuando usted los necesita, brindándole amor y apoyo. Y usted pensará que es afortunado por conocer a esas personas tan amables, pero debo decirle que la "fortuna" no tiene nada que ver en esto. Es una cuestión de su alma que debe aprender a confiar, a aceptar el amor y a ser más positiva en el mundo, o que debe aprender a ser agradecida.

Veo este tipo de poder vibratorio todo el tiempo en mi trabajo, tanto en las conferencias como en seminarios. Sin dudas, las personas con experiencias similares se unen por las señales silenciosas que sus energías emanan. Por ejemplo, en una sesión grupal de no hace mucho tiempo, habían cinco personas—todas habían perdido un hijo, un hermano o un primo en accidentes de tránsito y todos eran de, aproximadamente, la misma edad—todos sentados en la misma fila. No era coincidencia; era la energía del grupo en acción.

Si piensa en la energía en términos de electricidad, puede ser más fácil de comprender. Existen dos tipos de corriente: continua y alterna. Al conectar un aparato que trabaja con corriente alterna en un enchufe con corriente continua, la conexión no se establecerá y el circuito se cerrará (de hecho, probablemente queme un fusible). En términos humanos, las circunstancias de nuestras vidas han creado cierto tipo de energía en nosotros, la cual se refleja en las vibraciones que emitimos, y esas vibraciones son las que atraen a personas con vibraciones similares a las nuestras. Si emanamos vibraciones en corriente alterna, no nos vamos a conectar con personas que tengan corriente continua, y viceversa.

Aquí le traigo un ejemplo de algo que me ocurrió en un viaje reciente a Dallas, Texas:

Había estado de viaje por algunas semanas, haciendo eventos y firmando libros, al punto que cuando llegamos a Dallas, Texas, decidí descansar un poco y me registré en el hotel con un alias. Pensé que esto podía evitar algunas de las llamadas aleatorias que recibo cuando la gente sabe dónde me hospedo, y por lo tanto, me daría un respiro. Si alguna vez ha hecho viajes largos de trabajo, sabrá de lo que hablo. Solo pedía un día.

Resultó que en el hotel en el que me hospedaba se estaba llevando a cabo una convención de Mary Kay, tributo a su fundadora, Mary Kay Ash. Dallas es la sede principal de la compañía Mary Kay. Esto implicó que el hotel estuviera lleno y que hubiera más de 3.500 personas asistiendo al evento, que duraba toda la semana. Además de estar bajo un alias, el hotel me había ascendido a una de sus principales suites con un comedor separado que podría utilizar para mis sesiones espiritistas que habían sido programadas, en lugar de utilizar una sala convencional. Querían asegurar que mi estadía no se viera interrumpida por la convención. Esto resultó ser maravilloso porque la cantidad de personas que había en el hotel era tremenda, y además, yo tenía reservada la "sala de reuniones" en el piso de arriba de la sala de juntas. No tenía posibilidades de organizar una sesión tranquila allí.

Cuando llegó el día del evento, programado para las 2 P.M, estaba lista y centrada para comenzar a saludar a mis asistentes desde media hora antes del inicio de la sesión. Estaba esperando ansiosa a alguna de las doce personas que debían estar golpeando a mi puerta, en excitada anticipación por lo que vendría. Para mi sorpresa, nadie llegó temprano, como solía suceder. Al principio lo pensé y supuse que, con todas las personas abajo en el evento de Mary Kay, los participantes se estarían demorando por no poder acceder a los ascensores. Finalmente se hicieron las 2 P.M y nadie había llegado. Comencé a preguntarme si había confundido los horarios en mi mente y mi agenda. Suelo recordar las cosas y tengo una asistente maravillosa que me ayuda. Pero cuando uno viaja tanto suele caer en el síndrome de "¿en qué ciudad estoy?" o "¿qué día es?". Por lo tanto, esperé.

Para las 2:10 P.M., estaba segura de que algo estaba mal y llamé a mi asistente, Linda, en Nueva York. No me respondía y todo lo que pude hacer fue dejar un mensaje. No era de-

masiado cómodo, ya que me estaba poniendo ansiosa. Llamé a recepción para saber si alguien había preguntado por mí. Sin pensarlo, le pregunté al recepcionista si alguien había preguntado por Suzane Northrop. No dije mi número de habitación porque estaba bajo un alias, ni tampoco dije que yo era Suzane Northrop. Volví a intentar comunicarme con Linda, pero no pude. Ya eran las 2:30 P.M. y no podía entender. Había verificado mi calendario y allí se confirmaba que el día era el correcto. Me costaba creer que doce personas hubieran cancelado al mismo tiempo.

De repente, el teléfono en mi habitación sonó. Me apresuré a contestar y era un hombre llamando desde conserjería, en el lobby del hotel. "¿Señora Northrop?" "Sí", respondí. "Soy Dan, el conserje, y tengo un grupo de ocho personas muy preocupadas aquí que creo que la están buscando. ¿Los está esperando? ¿Puedo enviarlos con usted?" Aliviada y entusiasmada, dije: "Sí, sí, por favor, envíelos ahora mismo".

Eran casi las 3 P.M. cuando abrí la puerta de la habitación y encontré ocho personas que me miraban de manera perpleja y desconcertada, esperando entrar. "Pasen, por favor" fue mi saludo. "¿Qué ocurrió? ¿Dónde habían estado? Estaba preocupada". Y ahora compartiré la experiencia del grupo, la cual servirá para afirmar mi declaración previa de que las vibraciones se atraen.

A medida que contaban la historia se supo que todos habían llegado entre 20 y 30 minutos antes de la sesión. Solo dos del grupo habían venido juntos. Como se les dijo, habían ido al *tablero de eventos diarios para buscar las publicaciones del día y vieron que la ubicación era la sala de juntas. Así es que fueron al lugar designado para la cita. Cuando llegaron, y recuerde que no llegaron todos juntos, descubrieron que fuera de la sala no había ningún cartel sobre Suzane Northrop, y la sala no estaba destinada para nada, por lo tanto, volvieron al lobby para averiguar.*

De manera independiente, todos habían preguntado al recepcionista o al conserje dónde se llevaría a cabo el evento de Suzane Northrop de esa tarde. Por supuesto, bajo el nombre de Suzane Northrop, solo conocían el evento programado para otro día, y no había registros que indicaran que yo estaba en el hotel. A esa altura todos se estaban empezando a molestar e insistían en que el evento era ese día, y cada uno por su cuenta continuó con su búsqueda. Ninguno se rindió. Ahora, lo que es asombroso es que, entre las 3.500 personas que asistían a la convención de Mary Kay, el grupo de la sesión espiritista fue a la sala de juntas al mismo tiempo para verificar una última vez. Cuando los dos que habían ido juntos hablaron con otro sobre su frustración, resultó que todos se pusieron a conversar sobre el tema y su voz fue escuchada.

Decidieron hacer un último intento y fueron a conserjería. Dan resultó ser uno de los pocos que estaban trabajando ese día que conocía mi alias, por lo tanto, también conocía el número de mi suite. (Yo tenía algunas entrevistas con los medios y las instrucciones habían sido que preguntaran en conserjería) Además, el hotel había fallado en avisarle a mi asistente,

Linda, del cambio de habitación, por lo que ella no habría notado el "problema" por más que yo la hubiera llamado.

Luego de escuchar esta historia, todos nos reímos y pudimos realizar la sesión espiritista tal y como había sido planificada. Quedaba claro que la intención de las vibraciones era participar de ese evento juntas, por lo tanto, luego se convirtió en una misión grupal. No nos sorprendió que durante el transcurso de la tarde hayamos encontrado otras conexiones en el grupo. No había coincidencias. ¿Cuál es la probabilidad de que algún otro se hubiera rendido y se hubiera ido?

Cualesquiera sean las personas o circunstancias que lleguen a su vida, debe comprender que están allí porque usted las atrajo mediante sus vibraciones, y esto siempre tiene una razón. También debe comprender que si está sufriendo, es usted quien lo está provocando, es usted que se castiga a sí mismo. Dios o el Poder Superior, no toma venganza por sus trasgresiones pasadas, castigándolo en esta vida. La vida no es así, espero que haya quedado claro. Por el contrario, Dios nos ama y hará todo lo que pueda para ayudarnos a aprender a tomar mejores decisiones. Ahora, recuerde que aceptarlo o no, depende de usted.

haciendo cambios positivos

Hasta ahora parecería que le hubiera estado diciendo que, una vez que su alma haya tomado la decisión inicial de quiénes serán sus padres y familia, usted estará solo para "ahogarse o nadar", dependiendo de qué tan inteligente o lento sea para tomar decisiones. Pero esto no es así, porque siempre se puede cambiar la trayectoria de la vida para mejor (o para peor, si ese es el camino que elige) cambiando las vibraciones que emite y, por lo tanto, atrayendo una energía diferente. Todo tiene que ver con las decisiones que tome. Y quienes están en el plano espiritual lo ayudarán en la forma que puedan. Una de las formas más positivas que tienen de ayudar es hacerle saber que están presentes, bien, y felices, y que aún están conectados con usted, para que usted pueda dejar ir el pasado y continuar con su vida. Otra forma de ayudarlo es poniendo a una persona o circunstancia en particular en su camino, para ayudarlo a trabajar en algún asunto kármico que deba resolver. No se trata de castigos, sino de brindar oportunidades para cada alma en su camino infinito de aprendizaje y crecimiento.

Dependiendo del curso que haya tomado nuestra vida—y recuerde que hay razones para ese curso que se encuentran en relación directa con el programa de cada alma—podemos estar luchando con problemas no resueltos de nuestro pasado que evitan que tomemos mejores elecciones y continuemos con nuestra vida en el presente y el futuro. Solemos saber cuándo ocurre esto, pero no siempre sabemos por qué. Podemos preguntarnos por qué seguimos cometiendo los mismos errores una y otra vez, o por qué no somos felices. En algún momento podemos haber dicho que estábamos "mal de amores", o que nuestra salud física estaba mal. Quienes proponen medicinas alternativas hoy en día pueden pensar que han encontrado la conexión entre el cuerpo y el alma, pero la filosofía india en la que se basa la medicina ayurvédica ha comprendido, por siglos, la íntima relación entre la salud emocional y la salud física. Cuando tomamos conciencia de las perturbaciones de nuestra vida, lo que realmente sentimos, aunque no lo expresemos con muchas palabras, es que nuestra alma está fuera de equilibrio y debemos solucionarlo.

Una mujer que vino a verme luego de la muerte de su hermano, también había perdido a sus padres años atrás, cuando era muy joven. Como adulta, siempre buscaba hombres que no pudieran comprometerse en relaciones duraderas. Sabía que esto se había convertido en un patrón en su vida, pero no comprendía que estaba atrayendo a esos hombres por su incapacidad de comprometerse, y estaba perdida por no saber cómo romper ese patrón.

Las personas que luchan con el abandono reaccionan de diferentes maneras. Algunas veces sabotean sus relaciones, pidiéndole constantemente a su pareja que "pruebe" que realmente lo ama y que no va a dejarlo. Las personas que hacen esto suelen atraer a parejas que no se preocupan si son "puestos a prueba", y que necesitan probar su lealtad tanto como su pareja necesita que la prueben. O, como la mujer de la historia, emanan vibraciones de abandono que continúan atrayendo personas que cumplen con sus expectativas inconscientes. Le expliqué que debía identificar los patrones en su propia vida que provocaban que repitiera una y otra vez la misma experiencia—como Sísifo cuando rodaba la roca proverbial colina arriba. Al hacerlo, podría equilibrar su alma y cambiar las vibraciones que estaba emitiendo, porque no podemos cambiar nada que se encuentre fuera de nuestras vibraciones.

Me alegra saber que finalmente encontró un hombre que, aunque aún no está seguro de llevar su relación a un matrimonio, parece más dispuesto que los otros al cambio. Se mudaron juntos y mi clienta le ha dado a este hombre un año para tomar el compromiso final. Al tomar conciencia de su propio patrón vibratorio destructivo, pudo modificar las señales que su alma enviaba. Al hacerlo, cambió la trayectoria de todo su viaje.

¿Fueron los seres amados muertos de mi clienta quienes pusieron a este hombre en su camino? No lo puedo asegurar (porque no me lo han dicho), pero es probable que así sea. Sin embargo, ellos no podían hacer que ella lo recibiera en su vida, esa fue su elección. Cuando se trata de realizar cambios positivos en la vida, los muertos siempre están allí para ayudar porque lo aman y quieren que sea feliz y que crezca y evolucione, y harán todo lo que puedan para ayudarlo a que encamine su alma por un camino positivo—pero la decisión es suya.

La forma en que los humanos podemos ser autodestructivos cuando nuestra alma está desequilibrada, y cómo el contacto con aquellos que nos cuidan nos puede ayudar a sanar, fue demostrada dramáticamente por una mujer, que llamaré Mary, a quien conocí en un retiro reciente:

La madre de Mary había muerto de cáncer de pecho cuando Mary tenía tan solo doce años, lo cual implicó que ella creciera sin la guía y el apoyo de un modelo femenino en su vida. La pérdida fue tan traumática que intentó quitarse la vida en más de una ocasión. Y luego, tristemente, cuando tenía cerca de treinta años, a Mary y a su hermana también se les diagnosticó cáncer de pecho. Ambas recibieron mastectomías radicales, y Mary también recibió una histerectomía. A este punto, esta mujer que ya había sido privada de la guía maternal, ahora había perdido y renunciado, o virtualmente destruido, su propia femineidad.

Cuando la conocí, también sufría de síndrome de túnel carpiano en ambas manos y usaba una especie de manoplas de cuero que cubrían sus manos y antebrazos. Cuando habló, levantó inconscientemente sus manos frente a ella, como si se estuviera protegiendo de la cercanía de alguien. Ella estaba tan dolida emocionalmente que no notó que también con su lenguaje corporal mantenía alejadas a las personas.

Para mí, quedaba claro que Mary se encontraba en una encrucijada en su vida. O encontraba una forma de resolver la muerte de su madre y permitir que el amor llegara a su vida, o su vida también estaría terminada. Y, dado que ella también lo comprendía así, tomó la decisión—por su libre albedrío—de venir al retiro e intentar cambiar la dirección de su viaje.

Durante nuestra sesión, la madre de Mary se presentó para hacerle saber a su hija cuánto la amaba y que no la había dejado sola por elección, sino que su muerte había sido parte del viaje de su alma, así como también del de Mary y su hermana. Si bien saber esto no compensaba tantos años de soledad y de haber crecido sin una madre, el contacto y haber trabajado con un consejero de duelos, ayudó a Mary a llegar al cierre que necesitaba para resolver su dolor y así poder continuar más allá de su duelo, y cambiar el patrón destructivo en el que había estado atrapada.

el programa de límites y el regalo del libre albedrío

Si la trayectoria del viaje de nuestra alma está determinada por las elecciones que tomamos antes y durante esta vida, no debería ser difícil comprender que, por otra parte, la libertad no termina cuando dejamos este plano o el otro, y que nuestros seres amados en espíritu no pueden violar o negar nuestra libertad de elección haciendo cosas que puedan interferir con nuestro viaje. Ellos pueden hacer todo lo que esté en su poder para ayudarnos en nuestro camino, y lo harán: nos harán saber que nos aman, sin importar cómo haya sido la relación en la tierra, nos ayudarán a superar el duelo, o la decepción o el enojo; y colocarán personas y circunstancias particulares en nuestro camino. No pueden ignorar los protocolos del programa de límites dándonos información que no se supone que debamos conocer, ya sea porque puede ponernos en peligro o porque evitaría que tomemos las decisiones necesarias para la edificación y elevación de nuestra propia alma.

Los muertos también toman decisiones, y debemos creer y aprender a aceptar que las decisiones que toman por nosotros son siempre para nuestro bien. Por más que el motivo no sea claro para nosotros, o al menos no de inmediato, ellos tienen sus razones y sus razones tienen siempre como objetivo nuestro bien. Podemos creer que sabemos lo que es mejor para nosotros, pero algunas veces podemos equivocarnos. De hecho, cada vez que tomamos una decisión, debemos pensar que es la decisión correcta—después de todo, a nadie la gusta tomar decisiones equivocadas a propósito—pero, ¿cuán a menudo descubrimos que no es así?

Es por esto que siempre enfatizo a mis clientes que no deben esperar un mensaje en particular. Nuestros seres amados no están ocultándonos información para molestarnos o entristecernos. Nos aman y no quieren que seamos infelices, pero saben que no siempre lo que queremos escuchar es beneficioso para nosotros. Ellos nos brindan apoyo durante nuestro crecimiento.

Si bien nosotros, en este plano, tenemos limitada nuestra perspectiva por restricciones de tiempo y espacio, los muertos no. Nuestro conocimiento está limitado por los límites de nuestra conciencia. Los muertos, por otra parte, pueden estar más allá del tiempo y del espacio, pero no pueden interferir con el proceso de aprendizaje a través del cual, respondiendo a las circunstancias de nuestra vida, expandimos nuestra conciencia para mejorar nuestro crecimiento espiritual.

Pero también depende de usted hacerle caso a los mensajes que recibe. Las líneas telefónicas entre los planos físicos y espirituales están abiertas en ambos extremos, y tenemos la libertad de elegir si escuchamos o no lo que llega.

redireccionando y previniendo la energía negativa

Cuánto más tomemos conciencia de cuáles son nuestros asuntos no resueltos que están creando una energía negativa y están evitando que tomemos buenas decisiones, mejor podremos redirigir esa energía y crear vibraciones positivas que nos acerquen a personas o circunstancias que puedan mejorar la calidad de nuestras vidas. Del mismo modo que nuestras elecciones pueden hacer nuestras vidas mejores o peores, podemos afectar las vidas de los demás. Pero si tomamos malas decisiones o nuestras acciones les causan dolor o sufrimiento a los demás, no se debe a que algún tipo de poder externo nos hizo decidir o actuar así.

Quisiera compartir con usted algunas de las situaciones en las que las decisiones tienen un gran impacto en las vidas de otras personas. En todos estos casos, las personas podrían haber decidido ir en una dirección diferente con sus elecciones.

1. Mire a Shirley MacLaine. La decisión que tomó la llevó a escribir sus experiencias y pensamientos, y así influyó en las vidas de muchas personas en lo que se refiere al reino de los espíritus y el más allá. Ciertamente, han habido muchos comentarios negativos sobre ella, pero aun así, su decisión resultó en un impacto positivo en muchas vidas que se abrieron a nuevas formas de pensar sobre el camino espiritual. Su decisión fue, literalmente, salir del limbo para ayudar a los demás. (Lo siento, no pude evitarlo.)

2. Había una mujer en Idaho quien tenía cinco hijos, y perdió a los cinco. Todos eran hemofílicos y debido al resultado de las transfusiones, con el paso de los años, contrajeron SIDA. Uno por uno, sus hijos murieron. Debido al estigma del SIDA en su ciudad, la mayoría de las personas le dieron la espalda y no la ayudaron. Estaba desesperada y necesitaba ayuda emocional, pero no la encontraba. Habría sido difícil para cualquiera continuar sin enojarse contra la ciudad en la que había vivido toda su vida. Aconteció que uno de sus hermanos era homosexual y, aunque ella sabía muy poco sobre el estilo de vida de su hermano, se acercó a la comunidad homosexual. Para su sorpresa, encontró que allí había mucha gente con SIDA que había elegido no hablar por miedo al rechazo. Ellos tampoco tenían a nadie. Entonces, esta mujer creó un hogar para aquellos que necesitaban apoyo emocional y los ayudó física y espiritualmente. No solo orquestó un servicio valioso, sino que también creó una nueva familia de hermanos en la cual estaba rodeada de apoyo y amor.

3. Han habido muchas ocasiones en mis seminarios, conferencias y sesiones espiritistas en las que asiste un padre que quiere que me contacte con su hijo favorito, quien falleció. Para mí, la frase "hijo favorito" significa que hay otros hijos que, de alguna forma, no son los favoritos. Lo que veo vez tras vez es que el duelo por este hijo tiene tanto peso que suele derivar en negligencia hacia los hijos aún presentes. Inclusive los muertos han venido con mensajes que preguntaban al padre qué

estaba haciendo con sus hijos vivos. ¿Cómo cree que afecta esto a los hijos vivos? En un caso conocido, el hijo que aún estaba vivo se terminó disparando (era un mellizo) porque no podía soportar el proceso de duelo de su hermano solo. Sintió que no importaba y que nadie lo estaba acompañando. Afortunadamente, sobrevivió y hoy se encuentra bien, en plena recuperación física y emocional, con sus padres al lado.

4. Mire a Eric Clapton y lo que surgió de la caída y muerte de su hijo desde un edificio histórico. Su desesperación y enojo podrían haber resultado en que él se cerrara y ocultara sus sentimientos, pero, en cambio, escribió Tears in Heaven, y la compartió con el mundo. Esto nos dio a todos la posibilidad de mirar su amor, duelo y sanación. A mi entender, también le dio a todos los padres del mundo que habían perdido a un hijo, algo con qué identificarse, junto con un sentido de comprensión y conexión.

5. También recuerdo lo que puede crear el enojo si se utiliza de manera positiva cuando pienso en las elecciones de las madres que crearon MADD (Madres contra la conducción en estado de ebriedad – en inglés, Mothers against drunk driving) luego de una muerte sin sentido provocada por un conductor ebrio. Una vez vino una mujer a un seminario que me dijo que ella había estado obsesionada "creyendo" que su hijo sería asesinado por un conductor ebrio, y le hizo prometer que nunca se subiría a un auto con alguien que hubiera estado bebiendo

si salía con sus amigos. Él siempre había sido un muy buen hijo y un estudiante popular. A medida que su historia avanzaba, comentó que le había vuelto a advertir a su hijo que tuviera cuidado con los conductores ebrios la noche que su hijo iba a pasar a buscar a sus amigos para la fiesta de graduación de la secundaria. Él le aseguró que se cuidaría, y al final de la fiesta, cuando regresó a su casa, no pudo estacionar en el lugar habitual frente a su casa, por lo que estacionó su auto en la mano de enfrente. Cuando bajó del auto y comenzó a caminar hacia la casa, fue embestido por un auto, y murió. Esta historia surgió cuando hablé de la elección de la madre que había creado MADD, y esta mujer dijo que estaba agradecida de que existiera un lugar al cual había podido recurrir luego de la muerte de su hijo en busca de apoyo. Otra elección realizada en la dirección positiva.

Los ejemplos de arriba son, obviamente, sobre personas que han tomado decisiones con resultados positivos, pero por otra parte tenemos a Osama Bin Laden y los sucesos del 11 de Septiembre, o el ejemplo de cualquier otra persona que haya abusado de su poder. Solo piense en cómo podrían haber sido utilizados ese poder y ese dinero para el bien del mundo. Creo que entiende a lo que apunto con esto.

El Poder Superior no puede obligarnos a hacer cosas que no queremos. Nosotros creamos nuestra propia energía negativa pero también podemos crear energía positiva. Y hasta el momento en que, mediante nuestro propio libre albedrío, podamos tomar decisiones que cambien o reviertan esa energía, seguiremos emanando vibraciones negativas.

Pero podemos cambiar—siempre podemos cambiar, aunque no siempre lo podamos hacer en una sola vida. Dependiendo de qué tan negativa haya sido la energía, o qué tan destructivas nuestras acciones—tanto para nosotros como para los demás—puede tomar varias vidas revertir completamente y volver a equilibrar la trayectoria de nuestra alama. Así es como funciona el karma.

Lo que debemos recordar siempre es que el crecimiento positivo y los cambios siempre son posibles, y que está en nuestro poder revertir, moderar o corregir el curso de nuestro viaje.

el regalo de la gracia

Si ahora examina su vida y piensa que debe haber tomado muchas decisiones malas para haber construido un karma tan negativo, quiero asegurarle que, si bien las decisiones son suyas, Dios o el Poder Superior siempre están para ayudarlo.

Si usted está haciendo todo lo que puede para cambiar su energía negativa, para salir de la rueda del karma y crecer, Dios lo notará. Y, dado que Dios es un Dios de amor, sus errores son perdonados de inmediato para que no tenga que llevar un karma negativo o la culpa cuando pase a ser espíritu o a una nueva vida. Además, los errores sirven como una gran oportunidad para aprender a dirigirse en la dirección correcta o hacia la acción correcta. Me gusta la cita de Miles Davis que dice: "No tenga miedo de los errores—pues no existen", a lo cual le podría agregar que, siempre y cuando aprendamos la lección, el regalo se encuentra en ese error de cálculo.

Ese es el regalo de la gracia.

capítulo cinco
cada alma tiene un programa

El programa para el alma radica en lo más profundo de nuestra razón de ser. Nos proporciona la huella o mapa de nuestro viaje, las circunstancias que crearán nuestras reacciones, y nos enseñarán—o no—las lecciones que debemos aprender. Existen algunas cosas que están predestinadas para cada alma antes del nacimiento, como la hora o el signo de nacimiento, pero también para cada alma existen ciertas cosas que únicamente se aprende mediante la existencia humana, y es la única forma de aprender "esas" cosas. Algunas cosas solo pueden ocurrir durante la experiencia humana, y no en otros niveles. La buena noticia es que podemos manejar la mayor parte de estas cosas. Nuestra experiencia aquí se trata de lo que hacemos aquí con lo que se nos presenta. Algunos programas requieren de muchas vidas para poder completarse. Tome el ejemplo de Mozart, seguramente había estado trabajando en su programa para el alma para poder componer como lo hacía a los cinco años de edad. Algo debe haber ido evolucionando en su viaje. Claramente, Mozart no hubiera podido componer la música que creó si hubiera tenido el programa de Einstein. Piense en el programa para el alma como el robusto tronco de un árbol con muchas ramas que se alimentan de sus raíces. Dos de las ramas más anchas y fuertes son el programa de límites y el regalo del libre albedrío.

el programa para el alma y el libre albedrío

Nuestro programa comienza con nuestra decisión inicial. La forma en la que decide venir a este mundo determina las huellas básicas de su viaje. Digamos, por ejemplo, que uno de sus padres muere muy joven, o cuando usted es muy joven. Debe recordar que usted eligió ese padre por alguna razón, por más que sea consciente o no de cuál sea esa razón. Y su padre también eligió venir a este mundo como alguien que no viviría una vida larga. Ambos son parte del programa del otro, porque ambos tenían algo que enseñarle al otro.

Tal vez el motivo de la elección de su padre fue que debía aprender a dejar ir y continuar, porque no pudo hacerlo en una vida previa. Y tal vez usted necesitaba aprender a lidiar con las pérdidas. Cualquier lección que quede sin aprender en esta vida, deberá aprenderla en la siguiente—ya sea aquí en la tierra, o en el reino espiritual. Si la persona no aprende a sobrellevar las pérdidas en una vida, deberán volver y experimentar las pérdidas nuevamente en la siguiente. Entonces, si no aprende a superar la pérdida y las circunstancias de la vida de manera positiva, deberá continuar con esa lección hasta que la aprenda.

Si esto le resulta similar al hecho de no avanzar en la escuela, le aseguro que el programa para el alma no tiene nada que ver con el castigo. Sin embargo, sí tiene que ver con el karma. Su libre albedrío es un regalo, pero ese regalo viene con una obligación— la obligación de utilizar el libre albedrío de manera constructiva, porque si desperdicia sus regalos, los podría perder.

De hecho, existen dos tipos de karma. Está el karma creado por los dones que nos han regalado y lo que hacemos con ellos, pero también existe el karma que resulta de las deudas que contraemos. A medida que saldamos o pagamos nuestras deudas, siendo conscientes en el camino de no crear nuevas, podremos avanzar hacia el siguiente paso de nuestro viaje pues habremos completado algún aspecto de nuestro programa para el alma. Pero si nuestras reacciones crean nuevas deudas, también deberemos equilibrar esas deudas. Sin embargo, todo es parte del aprendizaje. Debe recordar que el karma solo cambia si nosotros intervenimos.

Hay una huella para cada una de nuestras vidas que es creada al momento en que nuestras almas toman su decisión original, pero no todo lo que nos sucede después de eso está predestinado o es necesario. Es allí donde entra en juego la "conciencia". La ruta de nuestro viaje se ve alterada por las decisiones que tomamos de manera consciente a lo largo del camino. Y, aunque las personas tengan experiencias similares y parezcan haber tomado la misma ruta, no hay dos personas que reaccionen de manera exactamente igual y con la misma energía ante lo que se les presenta en la vida. Por lo tanto, no existen dos personas que tengan exactamente el mismo programa o la misma experiencia. Lo animo, como ser humano en viaje, a prestar atención a las alertas del camino, en sentido metafórico: cuidado, no gire en U, ceda el paso, deténgase, inclinación empinada, y camino cerrado. Todos recibimos estas señales en nuestro interior, del mismo modo que las veríamos si viajáramos en una carretera, como parte del sistema de apoyo para nuestro viaje.

sincronismo vibratorio y patrones kármicos

Dado que todo ocurre por una razón—aunque no todo lo que sucede es necesario—siempre hay motivos por los cuales atraemos a ciertas personas, o cierto tipo de personas a nuestras vidas. Existen grupos de almas y patrones de almas que trabajan en asuntos específicos. Por ejemplo, usted puede ser parte de un grupo de almas que se ha comprometido a trabajar en problemas con su propia alma. Así también, existen patrones de almas que pueden ser apoyadas por otras almas fuera de su grupo de almas para resolver ciertos asuntos. Cada una tiene su vibración propia y atraerá, cual imán, a quienes estén en la tierra y puedan ayudarlo en un proceso de aprendizaje específico. Llegan a nuestro camino de vida no por coincidencia, sino porque hay un plan superior con un motivo para ello.

El primer motivo es nuestro sincronismo vibratorio—el hecho de que emanamos vibraciones similares debido a nuestra energía emocional similar. Recuerde el grupo del hotel en Dallas. Ya he mencionado que suelo ver situaciones similares en seminarios y conferencias, donde las personas que han sufrido pérdidas similares parecen sentarse, "coincidentemente", cerca de los demás, cuando podrían haberse sentado en cualquier parte de la sala.

Lo que provoca el sincronismo vibratorio es el hecho de que estas personas tienen patrones kármicos similares o que han compartido experiencias similares. Pero el karma también trabaja de manera diferente en lo que se refiere a las personas con las que nos "cruzamos" una y otra vez. Estas personas aparecen porque tienen que enseñarnos algo, o porque tenemos algo que enseñarles— o probablemente ambas. Probablemente lo importante sea lo que debemos aprender o enseñarle a esta persona, más que la persona en sí. El karma, como ya he dicho, está relacionado con causas y efectos, acciones que crean reacciones, y cómo reaccionamos entre nosotros, determina si saldremos o permaneceremos en la rueda de los patrones kármicos negativos. Si una persona tiene una necesidad y la otra tiene la solución para esa necesidad, esas personas seguramente se encontrarán. Así, si una persona en su vida parece habérsele adherido como un pincho doloroso, sin importar cuánto intente alejarse de esa persona, lo que debe entender es que esa persona está allí por una razón, para enseñarle algo—aunque la lección sea dolorosa.

Estas vibraciones también atraen a otras con experiencias similares de modo que se puedan apoyar mutuamente en el proceso de la sanación, y así poder continuar. Recuerdo un seminario en el cual, en la misma sección, tenía siete personas que terminaron sentados juntos y que habían perdido a un hombre de entre 17 y 19 años en accidentes extraños. Esta suele ser una situación con la que me encuentro muy a menudo. Estas personas tienen la oportunidad de compartir e identificarse con otros que han pasado por situaciones similares, para poder comenzar el proceso de sanación.

Los psicólogos han determinado que, muy a menudo, las personas abusivas provienen de hogares abusivos y han sido abusados, mientras que aquellos que son abusados por éstos suelen moverse de una situación de abuso a otra. Ambos comportamientos se relacionan con el karma y el programa para el alma. Tanto los abusadores como las víctimas continuarán con estos patrones a menos que puedan tomar decisiones diferentes y salir de la rueda. Entonces, si usted es un abusador, no culpe a sus padres de su comportamiento y, si se encuentra a usted mismo en situaciones abusivas, no culpe a sus abusadores porque, en ambos casos, es usted quien crea el patrón. Como he dicho, también es posible que alguien que ha sido abusado de niño tome decisiones diferentes, desarrollando compasión y cuidado por aquellos que han sufrido situaciones similares a las propias. Ninguna respuesta ante una situación o tratamiento está "escrita en piedra".

Habiendo dicho esto, también debo decir que he visto patrones de suicidio y enfermedades mentales transmitidas a través de las familias. Cuando las personas eligen nacer en estas familias—cuando eligen, en efecto, permanecer en la rueda—eligen el abuso, el suicidio o la enfermedad mental, pero también el estigma, la culpa y todo el bagaje emocional que conlleva ser parte de este tipo de patrón. No puedo decir por qué las personas toman estas decisiones, y la razón será, probablemente, diferente para cada uno, y las lecciones que tomen en base a la misma situación también serán diferentes.

Una buena amiga mía, quien a través de su vida había sido "desafortunada en el amor", finalmente encontró a un hombre maravilloso. Era un corredor de bolsa exitoso, divorciado con dos hijos, quien había vivido siempre en una montaña rusa de emociones. Él y mi amiga se enamoraron y decidieron vivir juntos, aunque no se casaron. Ambos estaban más felices que nunca hasta que, un día, este hombre que ahora era tan feliz, saltó por la ventana del departamento, estando mi amiga en la habitación de al lado. ¿Por qué lo hizo? Tal vez solo quería morir cuando estaba en un pico emocional alto, o tal vez no podía lidiar con el hecho de estar en una relación. No lo sé. Pero mi amiga, quien estaba devastada, también fue rechazada por su familia, quien la culpaba del suicidio, y no pudo participar en ninguna actividad del funeral ni realizar un duelo público. El motivo por el cual estas dos personas se encontraron aún es un misterio para mí, pero sus programas los acercaron por una razón, para aprender uno del otro, y su forma de muerte fue pura y exclusivamente su elección. Mi amiga no solo no la había provocado, sino que tampoco debía ser culpada de la decisión que él había tomado.

En este contexto, puede recordar a la mujer del capítulo 4 quien atraía hombres que no estaban dispuestos a comprometerse. Era ella quien tomaba esas decisiones porque no había aprendido a lidiar con el abandono que había sufrido como consecuencia de las muertes tempranas de sus padres. Por amor, sus muertos la estaban ayudando a aprender a tomar mejores decisiones, poniendo un hombre diferente en su camino, pero aun así dependería de ella elegir reaccionar ante esta nueva relación y la oportunidad que había sido creada para ella. Esto nos hace pensar nuevamente a la relación entre el programa de límites y el programa para el alma.

existen límites que los muertos no pueden cruzar

Ya hemos comentado el hecho de que los muertos no pueden ingresar a sus vibraciones sin ser invitados y que no le proporcionarán información que lo pueda poner en peligro de alguna forma, pero, lo más importante de todo esto, es que no pueden hacer nada que interfiera con su mayor regalo—el regalo del libre albedrío.

En su último libro, *Los códigos del más allá*, la médium Sussy Smith escribe sobre un mensaje que recibió de su madre, quien también era su ángel guardián. Los ángeles guardianes, según le dijo su madre, "pueden darnos sugerencias o advertencias de gran utilidad pero no pueden decirnos qué hacer con nuestras vidas, porque tomando decisiones es como crecemos".

En resumen, el mensaje explica de qué se trata el programa para las almas. Debido a que nos aman, los muertos quieren lo mejor para nosotros, y lo mejor es lograr nuestro crecimiento espiritual. Nos ayudarán en la forma en que puedan, pero no interferirán con las decisiones que son necesarias para que alcancemos el desarrollo espiritual.

Aquí encontrará dos instancias en las que los muertos entregaron mensajes a sus seres amados en este plano, permitiéndoles cambiar el curso de su viaje—en caso de que decidieran hacerlo:

Una mujer llamó cuando estaba haciendo un programa de radio, explicando que ya había hablado antes conmigo, luego de que su padre falleciera. Ahora también había muerto su madre, y esta joven esperaba establecer un contacto con ella también. De inmediato sentí que su madre estaba allí, pero por alguna razón parecía estar un poco enojada, de malhumor. Cuando le dije esto a la mujer que llamaba, me explicó que su madre había perdido a toda su familia en el Holocausto y que, debido a eso, no había podido expresar su amor para con su hija.

La hija me dijo que cuando había contactado a su padre, él le había sugerido volver a su casa y "darle un beso de parte de él a su madre". Inclusive cuando su relación con su madre estaba tensa, estaba decidida a escuchar lo que su padre tenía para decirle. No sabía por qué, pero sentía que era lo correcto, por lo tanto, fue a su casa y le dio un beso a su madre. La madre murió, repentinamente, unos pocos días después.

Imagine cuán diferente hubiera sido la vida de esta mujer si no hubiera escuchado el consejo de su padre y su madre hubiera muerto sin que ella hubiera tenido la oportunidad de entregar este mensaje de amor. Podría haber tomado otra decisión, y haber aprendido una lección también.

En una ocasión más reciente, estaba haciendo una sesión para un joven cuyo padre había sido militar. Desde su muerte, su familia se había separado y los hijos ya no hablaban entre ellos. No estoy seguro de cuál era el problema, pero el muerto le dijo a su hijo que no era lo que hubiera querido para su familia. No quería que sus hijos estuvieran enojados unos con otros.

Luego, el joven me dijo que había hablado con sus hermanos y les había contado lo que su padre había dicho. No estaba seguro de que pudieran reconciliar sus diferencias, pero al menos había transmitido los deseos de su padre. Fue su elección. Su padre no pudo hacer que sus hijos hicieran lo que él quería (tal vez, como militar, lo había podido hacer en vida), pero le dio a uno de sus hijos la posibilidad de cambiar no solo el camino de su propia vida, sino el de todos sus hermanos.

Debo agregar, sin embargo, que en muchas ocasiones los muertos intentan decirnos algo, pero estamos tan preocupados con nuestras ideas preconcebidas de lo que creemos que debemos escuchar, que no escuchamos adecuadamente. Muchas veces las personas vienen a mis sesiones con sus mentes predispuestas a escuchar algún mensaje que pruebe mi legitimidad. Si no escuchan exactamente lo que quieren escuchar, o desprecian por completo la conexión, o intentan hacerme decir lo que quieren escuchar. No quieren nada más.

Si usted ya ha decidido lo que su muerto dirá, nunca podrá escuchar otra cosa—estará creando un tipo de sordera autoimpuesta. Aún me sorprende el motivo por el que las personas hacen esto. Me da la sensación de que no están interesados—o tal vez tienen miedo—en escuchar lo que los muertos quieren decir, por lo tanto, ellos mismos deciden lo que se debe decir y cómo. Aquí no existe la apertura de mente. Lo hacemos también con nuestros seres amados que viven, cuando insistimos en que nos digan que nos aman en la forma en la que queremos escucharlo, y asumimos que si no lo dicen de esa forma, en realidad no nos aman. Pero esto no es cierto ni con los vivos, ni con los muertos. Algunas personas, desafortunadamente, prefieren permanecer en el dolor pues tiene algún tipo de atractivo para ellos. Crean un vínculo con el resultado o la atención que puede llegar a generar—por más que sea positiva o negativa.

aprendiendo a leer su propia huella

En este punto, sospecho que muchos de ustedes deben estar preguntándose cómo determinar su propio programa y si está tomando buenas decisiones para "captar" las lecciones que debe aprender. Un amigo mío una vez me dijo, cuando le pregunté cómo saber en qué trabajar, que debía observar mi vida y evaluar lo que me molestaba o irritaba, y así lo sabría. Algunas veces, lo que buscamos se encuentra justo delante de nuestra nariz. Ciertamente la intuición nos guía hacia la decisión correcta. Muchas veces somos muy inteligentes cuando nos "desviamos" del camino, pero cuando esto ocurre, suele ser el ego que actúa en base a algún miedo.

Si usted es sincero al querer encontrar su programa, una buena forma de comenzar es sentarse con un lápiz y un papel y comenzar a hacer una lista: ¿Tiene un padre o dos que vivan? ¿Tiene hermanos? ¿Es adoptado? ¿Cuál es su origen étnico? ¿Su familia es religiosa? ¿Es rico o pobre? Todas estas variables definen un patrón en su vida. Una vez que haya hecho su lista, intente determinar qué problemas o conflictos de su vida—generalmente reconocibles como patrones—parecen estar conectados con estas circunstancias particulares y qué lecciones debería haber aprendido o debería aprender en consecuencia.

Por ejemplo, si usted es una persona fuerte e independiente, cuya familia fue muy controladora e intentó alejarlo de su identidad independiente, ¿por qué habría elegido una familia así? Tal vez fue para desafiarlo en ese punto, para hacerlo trabajar más duro en desarrollar su personalidad y volverse aún más fuerte. Veo esta dinámica muy a menudo en personas cuyos segundos nombres son Junior, Segundo o Tercero.

Cada vez que doy una conferencia o un seminario, les pregunto a las personas por qué piensan que están allí y qué aspecto de su viaje creen que deben trabajar.

Creo que todos "sabemos", en algún punto, cuando nuestras vidas van mal o parecen estar "fuera de camino", cuando algo destructivo nos está consumiendo, o cuando nos encontramos siempre en un ciclo infinito de situaciones o relaciones destructivas una y otra vez. Cuando vea que está repitiendo un patrón no productivo, se deberá a que está operando fuera de su propio patrón vibratorio.

Ahora, si hizo lo que le sugerí y creó una lista, y si todavía no puede darse cuenta del motivo por el cual toma malas decisiones, existen otras formas de obtener ayuda. Puede pedirle a un astrólogo o numerólogo legítimo que cree su carta astrológica o numerológica, si eso está de acuerdo con sus creencias. Saber cómo se alinean sus estrellas o números puede ayudarlo a ver dónde se "está saliendo del plan". O podría asistir a una terapia tradicional con un profesional cualificado que pueda ayudarlo a reconocer aspectos suyos que usted no puede ver solo. Si ha sufrido una pérdida, el unirse a un grupo que está lidiando con problemas similares a los suyos puede ser de gran ayuda. Hoy en día hay muchos profesionales que se especializan en terapias para los duelos. Por ejemplo, el grupo llamado Compassionate Friends reúne a personas que están tratando de sobrellevar la pérdida de un hijo. También existen grupos para sobrevivientes de suicidios y para aquellos cuyos seres amados fallecieron debido a enfermedades terminales, o que tienen enfermedades como cáncer o SIDA.

Algunas veces, comunicarse con sus muertos clarificará su patrón de manera inigualable. Lo siguiente sucedió cuando una mujer vino a verme para una sesión privada porque quería contactar a su hermana:

La hermana de Marjorie siempre había tenido miedo a volar, pero debido a que era dueña de un negocio de importación y exportación debía viajar a Europa y, por lo tanto, viajaba frecuentemente. Aun así, nunca pudo superar su miedo y, antes de un viaje particular a París, le confesó a Marjorie que tenía más miedo que nunca.

Marjorie intentó tranquilizar a su hermana diciéndole que seguramente estaba ansiosa por otras cosas, y le recordó que siempre había tenido miedo pero que nunca le había sucedido nada en años de vuelos. "Pero", le dijo Marjorie a su hermana, "si tienes tanto miedo, ¿por qué no reservas tu vuelo en Swissair, que nunca ha tenido fatalidades en su historia? De esa forma estarás segura de que llegarás a salvo". La temerosa hermana siguió el consejo de Marjorie y se registró en el vuelo 800 de Swissair, que se estrelló en el océano Atlántico en la costa de Long Island, matando a todos los pasajeros.

Mi clienta no solo lamentaba la muerte de su hermana y amiga, sino que también tenía que superar la terrible culpa por haberle sugerido tomar ese vuelo. No podía dejar de pensar que ella había sido la culpable de que su hermana cambiara de planes, y que, si no lo hubiera hecho, aún estaría viva.

Cuando su hermana vino durante nuestra sesión, le aseguró a Marjorie que no debía sentirse culpable por nada. Ahora que había fallecido, quería hacerle saber que comprendía que su miedo a volar había crecido porque su alma sabía que era su destino morir en un accidente aéreo—era parte de su progra-

ma y no tenía nada que ver con el consejo que Marjorie le había dado.

Al establecer este contacto, Marjorie no solo comprendió que morir de esa forma era parte del programa de su hermana, sino que también su propio programa establecía que ella sería una "sobreviviente" y que al menos una de las lecciones que debía aprender era sobrellevar este aspecto de su viaje de manera positiva. Note que la hermana de Marjorie no le dijo esta última parte, pero explicándole lo que se encontraba en su propio programa, le proporcionó la información necesaria para que Marjorie tomara conciencia de la decisión original que había tomado (venir a este mundo como la hermana de esta persona en particular), y de las decisiones que debería tomar en el futuro.

la muerte puede ser un llamado para despertarnos

Sea lo que fuere lo que motivó a Marjorie a acercarse a mí—seguramente las razones en parte tenían que ver con su amor por su hermana y su necesidad de absolver su culpa—el mensaje que recibió fue reconfortante e iluminador. Pero inclusive hay veces que la misma experiencia de la muerte de un ser amado puede ser, en sí misma, clarificadora de nuestro programa.

Una vez que la muerte lo haya tocado de manera personal, nunca la volverá a mirar de la misma forma. Cuando alguien cercano muere, puede cambiar todo su sistema de creencias y clarificar su programa de manera dramática.

Si alguna vez ha leído lo que las personas han dicho sobre las experiencias cercanas a la muerte, habrá notado que en casi todos los casos ven a la muerte de manera diferente de como lo hacían antes. Habiendo atravesado esa situación, comprendieron que la "muerte" es una transición en lugar de una conclusión, perdieron su miedo, y vieron la "vida" de manera diferente.

Pero no tiene que tener su propia experiencia cercana a la muerte para alcanzar este tipo de iluminación. La muerte de algún ser querido puede proporcionar el mismo tipo de "despertar". Inclusive si hasta el momento no tomó conciencia de su programa, el hecho de que su hijo, su esposa o un amigo cercano mueran, le puede proporcionar la información básica de que este tipo particular de pérdida es parte de su programa. Y si ya tomó conciencia del hecho de que tiene un programa, puede comenzar a pensar sobre lo que debe aprender de esta experiencia. Pasar por una muerte, en otras palabras, puede ser "iluminador" al punto de cambiar su vida.

Si hemos experimentado muchas pérdidas en nuestras vidas, entonces podemos haber definido un patrón también. Podemos pensar que no podemos soportar más pérdidas y así, en autodefensa, comenzamos a alejar a las personas que nos rodean. Esto le sucedió a una amiga mía cuando sufrió múltiples muertes en un período de tiempo muy breve. Ella comenzó a alejarse emocionalmente de su marido. No quería recibir consuelo porque temía que podría sufrir nuevamente si perdía a esa persona que la acompañaba. Su marido solo trataba de darle amor y apoyo, y ella lo alejaba. Él se sentía dolido y su relación comenzó a ser muy tensa hasta que finalmente ella reconoció que, al rechazar a la persona que más amaba, solo estaba generando más pérdidas en su vida.

Si, del mismo modo que mi amiga, pudiéramos mirarnos claramente y obtener ese tipo de conocimiento, experimentar una muerte podría ser una posibilidad de autoevaluación, una posibilidad de mirar de manera diferente los patrones negativos o positivos que podamos haber creado para nosotros, y una posibilidad de salir de la rueda del karma y esos patrones que nos rodean.

siempre es parte del programa

Después de la tragedia del World Trade Center el 11 de septiembre de 2001, muchas personas me preguntaron si un desastre de tal magnitud podría haber ocurrido fuera del programa de aquellos que murieron. Se preguntaban si era posible que todas esas personas hubieran tenido que morir de una forma terrible, o si podría haber sido un accidente o simplemente la mala suerte de haber estado en esos edificios en ese momento.

Mi respuesta es siempre la misma: No creo en los "accidentes" y no existe la mala suerte o la coincidencia, del mismo modo que lo que nos sucede, no sucede como un castigo. Puede ser difícil de aceptar, pero si esas personas estaban allí, ya sea en los edificios o los aviones, era parte de su programa.

En los reportes de noticias luego del accidente del vuelo 93, David Beamer, el padre de Todd Beamer, quien fue uno de los líderes de los pasajeros que intentaron liberarse de sus secuestradores, dijo: "Por supuesto que me he preguntado muchas veces por qué nuestro hermoso hijo estaba en ese avión. Y sabemos por qué estaba allí. Los rostros del demonio—estos secuestradores en particular—estaban en el avión equivocado". Si no lo sabía de antes, luego del accidente el señor Beamer debe haber comprendido que la forma de muerte de su hijo era parte de su programa y que haber estado en ese avión no había sido un accidente o una coincidencia desafortunada.

De hecho, Todd normalmente habría salido para su reunión de negocios del martes en California la tarde del lunes, pero él y su esposa, Lisa, habían vuelto de un viaje de cinco días a Italia. Lisa estaba embarazada de su tercer hijo, y él estaba ansioso por pasar tiempo con sus dos hijos pequeños, por lo que decidió tomar el viaje de la mañana del martes. Tal vez estaba reacio porque tenía una premonición de lo que iba a suceder. No puedo saberlo, pero sí sé que había una buena razón para que no viajara en el horario habitual.

Lisa Beamer, la esposa de Todd, dio una entrevista emocionante en el programa televisivo "Buenos días América". Ella dijo que había descubierto que de Todd extrañaba las pequeñas cosas—como escuchar la puerta del estacionamiento abriéndose mientras él entraba, y los niños corriendo a su encuentro. Ahora también era madre de una hermosa niña.

Parafrasearé la historia que Lisa contó en ese programa que recientemente se publicó en internet:

Lisa contó sobre esta maestra especial que había tenido hacía muchos años en la escuela, cuyo marido había muerto repentinamente de un ataque al corazón. Aproximadamente una semana luego de su muerte, decidió que, en lugar de callar lo que le había sucedido, les contaría a sus alumnos lo que había aprendido. Justo antes de que terminara la clase esa tarde de verano, corrió algunas cosas de su escritorio y se sentó.

Se detuvo, miró a la clase y con una mirada tranquila de reflexión, dijo: "La clase terminó, pero quiero compartir con todos ustedes un pensamiento que no está relacionado con la clase, pero que creo que es muy importante. Cada uno de nosotros estamos aquí en la tierra para aprender, compartir, amar, apreciar y dar de nosotros. Nadie sabe cuándo terminará esta fantástica experiencia, podría ser en cualquier momento. Y, cuando algo se va de manera repentina, tal vez sea Dios que nos está diciendo que debemos aprovechar al máximo cada día".

Lisa le contó a la audiencia que, mientras los ojos de su maestra se empezaron a llenar de lágrimas, dijo: "Por lo tanto, quiero que todos hagan una promesa. De ahora en adelante, de camino a la escuela, de camino a casa, encuentren algo hermoso que admirar. No debe ser algo que vean, puede ser un aroma, tal vez el olor del pan recién horneado que sale de alguna casa, o el sonido de la brisa moviéndose entre las hojas de los árboles, o la forma en la que las luces de la mañana muestran una hoja de otoño cayendo al piso. Por favor, observen estas pequeñas cosas y estímenlas porque, si bien puede sonar trillado para algunos, son las pequeñas cosas que debemos disfrutar de la tierra las que generalmente subestimamos. Debemos convertirlas en importantes, porque en cualquier momento pueden desaparecer".

Lisa dijo que la clase estaba totalmente en silencio, y que todos, lentamente, recogieron sus libros y salieron del aula. Luego, Lisa contó que de regreso a casa esa tarde, notó más cosas que las que había notado en todo el semestre.

Al final de la entrevista, dijo que al recordar ese momento en la escuela, con la muerte reciente de Todd y muchos otros, ahora intenta apreciar a diario todas esas cosas que solía ignorar. Dijo que recuerda la impresión que la maestra había causado en ella porque el recuerdo aún era tan fuerte como lo había sido ese día.

Lisa nos recuerda que nadie sabe si estará en esta vida en los próximos cinco minutos. No deje de expresarse, dígale a esa persona especial lo que siente, abrace, sonría en lugar de fruncir el ceño y no olvide decirle a quienes ama que los ama. Yo lo sé porque vivo en Nueva York y luego del día de la tragedia, vi a muchos neoyorquinos hablando de manera diferente—e inclusive a los turistas también. Ahora veo sonrisas, risas y lágrimas de manera frecuente, veo que las personas les abren las puertas a los otros y he visto que el ritmo en las calles se ha desacelerado. Siempre ha sido una ciudad de gente hermosa para mí, pero ahora es más visible.

Así como lo sugirió Lisa, lo hago yo—deténgase y observe algo especial en su hora del almuerzo hoy—y si no se detuvo a almorzar porque estuvo muy ocupado, entonces hágalo. Ande descalzo, o camine en la playa o un parque al atardecer. Deténgase camino a su casa para comprar un helado o hablar con su vecino. Porque a medida que avanzamos en nuestras vidas notamos que no son las cosas que hicimos las que nos reprochamos, sino las que no hicimos. No permita que pasen momentos o personas desapercibidos, porque también son parte de nuestro programa para el alma.

Sé que puede sonar duro, pero cada muerte representa una tragedia para alguien, y la tragedia del World Trade Center, si bien fue de una gran magnitud, no fue diferente a las tragedias individuales que se sufren a diario. Las muertes de los secuestradores también fueron tragedias para sus seres amados, y sus acciones eran parte de sus programas. La especulación sobre las razones por las que cometieron estos actos nos lleva a pensar en la pobreza de sus vidas y en la carismática influencia de su líder. Pero, nuevamente, recuerde que todo tiene que ver con el karma. Las circunstancias de sus vidas los colocaron en lugares donde debían tomar decisiones, y las decisiones que tomaron estuvieron basadas en su libre albedrío. Nadie puede imaginar qué tipo de lección deberían aprender sus almas, pero estoy segura de que estaban en esos aviones por una razón, así como también lo estaban sus prisioneros.

¿y qué sucede con el mal?

Creo que no estoy en posición de juzgar las acciones de los secuestradores—ni las acciones de cualquier persona—y ya he dicho que el programa para el alma no tiene nada que ver con las recompensas o los castigos. Pero existe maldad en el mundo, y cometer acciones malvadas también es una elección. Creo que si elegimos hacer el mal, nuestro "castigo", si quiere llamarlo así, es que ya no tendremos el privilegio de reencarnar como un individuo. Pero también creo que abandonar ese privilegio es, en sí, una elección, porque inicialmente elegimos cometer alguna maldad. Al renunciar a ese privilegio, volvemos al Súperalma o alma madre y nos volvemos parte del ciclo infinito de energía, pero nos privamos de la oportunidad de evolucionar como individuos. Creo que es como colocar nuestra alma en una planta de reciclado. Para mí, es lo que la Biblia quiere decir cuando habla de infierno. Tengo visiones de Robin Williams ingresando a la zona de almas perdidas en la película *Más allá de los sueños*. Es como si el alma no pudiera avanzar ni retroceder, y estuviera "atascada" en la misma escena todo el tiempo. Es allí donde imaginaría que reside el alma de alguien como Hitler. La maldad que cometió provocó que perdiera el privilegio de la reencarnación.

¿puede saberlo el alma de antemano?

Su alma sabe mucho más de lo que su mente consciente puede saber. Cuando dejamos este plano y volvemos al SuperAlma, también retenemos nuestra alma individual (a menos, como ya he dicho, que hayamos renunciado a ese privilegio por haber renunciado al regalo del libre albedrío) y nuestra conciencia individual del alma, lo cual significa que podemos reutilizar el aprendizaje de vidas pasadas en esta vida. Todo va a un banco de almas o de personalidades y, cuando reencarnamos, llevamos ese aprendizaje con nosotros. La memoria de aprendizajes nos da la posibilidad en cualquier "vida terrenal" de hacer cosas extraordinarias ¡Recuerde a Mozart! Si, por ejemplo, hubiéramos estado aprendiendo a ser más fuertes y asertivos, podríamos elegir padres que fueran muy controladores. La personalidad de ellos podría hacer más difícil nuestra vida, y podríamos no comprender el motivo por el cual nos sucede esto, pero estaríamos aprendiendo a ser aún más fuertes. Las elecciones que tomamos siempre nos ayudarán a crecer y, aunque en este plano podamos no comprender el por qué, nuestra alma siempre sabe que ha tomado esa elección por una razón. Algunas lecciones pueden ser dolorosas o difíciles, pero si todo fuera fácil, nunca dejaríamos nuestra zona de confort y nunca evolucionaríamos.

El conocimiento de cada alma puede extenderse más allá de esto. En algunos casos, su alma puede tener una premonición o precognición de que va a dejar de existir en este plano, aunque no se dé cuenta de manera consciente de ello. Una mujer, que vino a un seminario que di recientemente, tuvo una experiencia que demuestra que estas premoniciones pueden ocurrir. La llamaré Janiece.

Janiece había estado mucho tiempo en una relación con un hombre casado, y mientras estaba fuera de la ciudad en una ocasión en particular, recibió numerosas llamadas telefónicas de parte de él. Ella viajaba mucho por trabajo y no era la forma de actuar normal de él, pero ella no le dio mucha importancia y simplemente pensó que él la estaba extrañando más que lo normal. Cuando regresó a su casa luego de su viaje, se encontraron y su amante sufrió un ataque cardíaco y murió en su cama esa misma noche.

Ciertamente, el alma de este hombre sabía que iba a morir y estaba esperando que ella regresara a su hogar, aunque de manera consciente el hombre no tenía idea de que estaba realizando llamadas telefónicas inusuales o de que su momento en esta vida estaba llegando a su fin.

Si ha leído alguno de los relatos sobre las personas que murieron en el World Trade Center, habrá notado que muchos de ellos, como una mujer que estaba en el vuelo 11 proveniente de Boston, parecían comportarse de formas que indicaban que podrían haber sabido cuál iba a ser su destino.

Esta mujer, según contó su marido, dejó su casa en las afueras de Boston a las 5 A.M. para tomar su vuelo. Pero antes de salir, insistió en caminar con sus dos pequeños hijos y decirles adiós. "Gracias a Dios que lo hizo", dijo su marido después.

De la misma forma, siempre me ha fascinado la historia de Leon Klinghoffer, quien fue pasajero del Achille Lauro, un crucero que fue tomado por miembros del Ejército de Liberación Palestino algunos años atrás. El señor Klinghoffer estaba en una silla de ruedas y se negó a cooperar con los terroristas, burlándose de ellos hasta el punto que lo empujaron por la borda del barco, y así murió. Fue el único pasajero que murió como consecuencia del secuestro, y siempre me he preguntado por qué se comportó como lo hizo.

Cualquier persona con sentido común sabe que si es hostil con terroristas armados no sobrevivirá a esa experiencia. Lo que suele pasar en este tipo de situaciones es que las personas realizan algunas declaraciones, siempre gobernadas por el miedo. ¿Sabía su alma que era su momento de morir? ¿Quería su alma pasar al otro mundo en ese momento? ¿Era su posibilidad de dejar su existencia en la silla de ruedas a la que había estado confinado? Sé que debe haber una razón para su comportamiento tan peligroso, y creo que su alma debe haber conocido esta razón, aunque su mente consciente no la conociera.

nosotros también tenemos un trabajo

El alma de cada individuo conoce su programa por más que nosotros, a nivel consciente, no lo conozcamos. Y así como es el trabajo de los muertos comunicarse con nosotros y hacernos saber lo que están haciendo y lo que deben hacer, es nuestro trabajo determinar lo que debemos aprender y tratar de tomar las decisiones que nos ayuden a crecer, para que nuestra alma pueda moverse al siguiente nivel de su evolución eterna. En este gran esquema de cosas, creo que no solo estamos aquí para hacer algo con nuestros programas individuales, sino que estamos aquí para aprender a ser alguien mediante las lecciones de nuestros correspondientes programas para el alma. Si usted no está en camino hacia algún tipo de expresión externa de manifestación, entonces no está aprovechando el viaje de su alma hacia la reencarnación para la evolución.

¿Cuántos nos hemos encontrado, en algún punto de nuestras vidas, comprometidos con algo que realmente no queríamos hacer, o yendo en una dirección que sabíamos que no era la que queríamos, un lugar o dirección al que, en lo profundo de nuestro ser, sabíamos que no tenía nada que ver con nosotros? Esto provoca que nuestra vida sea más difícil de lo que podría haber sido, en muchos niveles. Uno de los temas que escucho a menudo mientras estoy de viaje, es resultado de los eventos del 11/9 en Estados Unidos. Parece ser que las personas están cambiando dramáticamente la dirección de sus vidas—dejando trabajos que no han disfrutado en años, tomándose tiempo para estar con sus familias, y dejando de trabajar tantos días/horas para disfrutar de las pequeñas cosas. A esto le llamo un despertar a gran escala.

Amo lo que dijo Oprah una vez en su programa: "Creo que usted está aquí para ser usted mismo y vivir una vida mejor". Ella continuó y dijo que el regalo más grande que podemos recibir en este viaje es el aprendizaje de "Quiénes" somos, con "Q" mayúscula. Y tiene todo el sentido para mí. Cuando no estamos alineados con el programa para nuestra alma, recibimos llamadas de alerta sobre los caminos que podemos tomar y que no están alineados con nuestro "verdadero" programa para el alma. Si algún problema o patrón parece repetirse constantemente, ¿no tiene sentido pensar que su alma le está señalando que debe lidiar con ello? No creo que debamos buscar mucho para reconocer y comprender las lecciones que nuestra alma ha decidido adquirir como parte de su programa de aprendizaje.

También nos fue entregada una conciencia. En lugar de tener a los muertos como apoyo, la conciencia actúa como un tipo de programa de límites para los humanos. Nos ayuda a verificar si estamos ingresando en áreas que nos alejarían de nuestro "verdadero ser", sacándonos de curso y manchando nuestras almas. Todos sabemos en lo más profundo de nuestro ser cuando estamos haciendo algo o dirigiéndonos hacia un lugar que no nos corresponde. No estar "en sincronía" con nosotros mismos es un sentimiento terrible. Sé que usted entiende lo que quiero decir.

Cuando sabemos que estamos fuera de sincronía y continuamos en esa dirección, podemos dañar de manera irreparable nuestra alma, además de nuestra mente, cuerpo y espíritu. Eventualmente carcomerá nuestro respeto propio, arrojándonos por un espiral en descenso. Está comprobado, según quienes trabajan en la medicina, que existe una conexión entre todos los aspectos del ser y cómo se entrelazan hasta tal punto que el daño en uno de esos aspectos afecta a los demás. Este tema estuvo muy presente en una conferencia médica realizada en Noviembre en Hawaii, donde fui una oradora destacada hablando sobre la conexión de la depresión, la ansiedad y el duelo con el cuerpo, y cómo podía resultar en derrames cerebrales o ataques al corazón. Me entusiasma saber que los médicos están abriéndose a comprender la conexión cuerpo/mente/espíritu. Aunque esta fue una conferencia médica apoyada por una de las instituciones de investigación más grandes del mundo, y yo estaba allí como "invitada", mi conferencia tuvo gran asistencia y me pidieron que vuelva nuevamente este año.

Existen muchos escapes que podemos buscar mientras estamos "en nuestro cuerpo". Una vez que dejamos nuestro cuerpo, no hay opción para escapar. Así que aproveche el regalo del tiempo que tiene aquí y a las personas que se encuentran cerca para trabajar en todo aquello que se le revele como un problema o patrón en el que deba trabajar. ¿Por qué querría crear un karma negativo adicional?

capítulo seis
el proceso del duelo
~ LA HISTORIA DE DINO ~

*e*ra otoño. Dave, un amigo mío del trabajo (ambos somos abogados) quería prestarme una copia del libro de Suzane. Hasta el momento, nunca había escuchado sobre ella. Leí la tapa y pensé que el libro era demasiado para mí, pero Dave insistió en que valía la pena leerlo. Me contó que había escuchado a Suzane en la radio mientras estaba de vacaciones y que le había parecido inspiradora. Entonces, Dave se había esforzado mucho por conseguir el libro. Le agradecí todo esto, y acepté el libro, básicamente para no ofenderlo. Lo puse en un estante en mi oficina, pensando que lo devolvería algún día sin siquiera haberlo leído. Simplemente, no era para mí.

Llegó Diciembre y mi tía falleció. Fui con toda la familia al funeral en un cementerio en las afueras de Long Island. Resultó ser el mismo lugar donde mi hijo bebé, de tan solo dos sema-

nas de edad, había sido enterrado diecisiete años atrás. Había estado tan devastado que nunca había visitado la tumba de mi hijo antes, pero sentí un fuerte impulso para visitarlo el día del funeral de mi tía. Aun así, me resistí a ese sentimiento ese día, y por algunos más, sin ir. Luego, comencé a tener "visiones" de alguien o algo que me hacía señas para que visitara la tumba de mi hijo. Simultáneamente, por alguna razón, comencé a "ver" a mi hijo con una niña pequeña de su misma edad, y me preguntaba qué significaría todo eso. En ese momento no conocía nada sobre los guías espirituales ni el contacto con los muertos, por lo que no tenía idea de lo que me podía estar pasando. Empecé a pensar que estaba loco, pero sin embargo, decidí visitar la tumba de mi hijo.

El siguiente viernes por la noche, compré un lindo arreglo floral en la florería del barrio y conduje hasta Long Island el sábado muy temprano. Estaba amaneciendo cuando llegué. La niebla estaba espesa y escalofriante, como salida de una película de Stephen King. No había nadie más alrededor.

Caminé por sobre las tumbas y alrededor de ellas siguiendo los marcadores del cementerio. Comencé a acercarme a la tumba de mi hijo, 17 años de emoción reprimida pasaban al primer plano. A medida que me acercaba, la fuerza que me había llevado al cementerio parecía ser un elfo en un camino de mi mente, pero felizmente se alejó. Caminé hasta la tumba de mi hijo, leí el epitafio y comencé a llorar violentamente, pidiendo perdón una y otra vez por no haberlo visitado antes. Dejé las flores sobre la tumba y empecé a marcharme, pero sentí una fuerza que me impulsaba hacia la izquierda, y la seguí. Dos marcadores más allá había una tumba de una niña llamada Jennifer que había nacido y fallecido el mismo día. De alguna forma supe que Jennifer era la pequeña niña que había "visto" con mi hijo, que de alguna manera la estaba cuidando. Quité algunas flores del arreglo de mi hijo y las dejé sobre la tumba de Jennifer.

Nuevamente comencé a irme, pero me superó la necesidad de regresar. Continué llorando y pidiendo perdón a mi hijo por no haberlo visitado antes. De repente, escuché una voz que decía: "¿Cuál es el problema papá?, y con los ojos de mi mente vi a mi hijo aparecer de lo que podría llamar el infinito. Parecía tener 17 años, pero yo sabía que era él.

"Lamento no haber venido a visitarte", le decía una y otra vez. "Está bien, papá. Está bien, no te preocupes".

Y con eso sentí el perdón. Al regresar a mi casa conduciendo, varias veces me cuestioné mi locura. Cuanto más analizaba lo que había sucedido, más loco me sentía.

El siguiente lunes en el trabajo, tomé la copia del libro que Dave me había prestado meses atrás y comencé a leerlo. De repente ya no me sentía loco. Todo lo que Suzane había escrito era para mí, especialmente la parte donde menciona que los bebés crecen del otro lado. Esto realmente me impactó, estaba seguro que era mi hijo de 17 años a quien había visto.

Poco tiempo después, supe que Suzane daría un seminario cerca de Nueva Jersey. Fui y me quedé asombrado con cada parte del evento: el discurso, las preguntas y respuestas, la meditación, las mini-lecturas y, por supuesto, por Suzane en sí misma. Asistí a un segundo seminario de Suzane en Manhattan, y luego a otro, unos meses más tarde en Jersey.

Para el tercer seminario ya sabía qué esperar y estaba más relajado. En los primeros seminarios tenía miedo de que Suzane me leyera a mí, pero luego empecé a pensar que nunca lo haría. Luego, en la parte de lecturas del tercer seminario, Suzane se acercó al área donde yo estaba sentado. "¿Quién perdió a un niño aquí?" preguntó, pero yo no respondí. "Vamos, alguien perdió a un niño aquí. Es muy fuerte." Nuevamente, no respondí. Suzane intentó alejarse, pero volvió diciendo: "No me va a dejar irme. ¿Se llama Brian? Es Brian. ¿Quién conoce a Braian?"

No era el nombre de mi hijo, pero nadie decía conocer a un Braian, por lo que respondí: "¿Será Ryan?".

Suzanne chasqueó sus dedos y levantó su rostro. "¡Eso es!" dijo, y continuó diciéndome que Ryan quería que supiera que estaba bien. A través de Suzane, Ryan dijo que su hermana cuyo nombre tenía una "K" no lo dejaba ir. La identificación de la "K" estaba bien, pero aún estaba escéptico porque no tenía idea de si mi hija mayor no lo dejaba "ir" a su hermano. Suzane continuó diciendo: "También visita a su hermana cuyo nombre tiene una "M"." No sabía si estas visitas realmente ocurrían, pero mi hija menor tenía un nombre con una "M". Entonces Suzane se paró frente a mí y me preguntó: "¿Murió de cáncer?" Le respondí que no, y Suzane me preguntó "¿Entonces por qué me está mostrando esto?" mientras ataba una soga imaginaria alrededor de su cuello y la levantaba como si la estuvieran colgando.

Le respondí que era porque su muerte había sido consecuencia de una obstrucción con el cordón umbilical durante su nacimiento. Nuca se recuperó y murió dos semanas después. Y en ese momento supe, no solo creí, sino que estuve seguro de que había vida después de la muerte y de que mi hijo estaba bien del otro lado. El duelo y la culpa que había tenido hasta ese momento se desvanecieron en un instante y las preguntas que tenía sobre mi propia sanidad mental también desaparecieron, o al menos en su mayoría.

"Tiene un hijo muy fuerte", me dijo Suzane luego del seminario, y yo estaba tan feliz de haber escuchado eso que no pude evitar preguntar: "¿cómo?". Suzane me miró a los ojos y dijo: "Dije que tiene un hijo muy fuerte".

Y pensé: "Sí, tengo. No tuve, sino tengo".

Poco tiempo después de esa magnífica mini-lectura, comencé a participar de manera activa en el foro de internet de Suzane, ayudando a responder preguntas y compartir experiencias con todos aquellos que lo visitaban. Lo he hecho por cinco años, y aún sigo haciéndolo, casi todos los días, buscando oportunidades de transmitir el conocimiento que Suzane nos ha traído, junto con la sanación que acompaña a este conocimiento. He asistido a muchos seminarios y conferencias de Suzane en estos años, y a una sesión espiritista, y los resultados siempre fueron asombrosos, no solo para mí, sino para las personas que llevé, y muchos otros de la audiencia.

Me pregunto: "¿Fue por casualidad que Dave escuchó a Suzane en la radio aquella vez, y compró el libro y me persuadió a leerlo? ¿Fue por casualidad que yo haya sanado de tal forma a partir del libro de Suzane que me convertiría en un miembro activo de su foro, trabajando para ayudar a otros a alcanzar la sanación gracias a Suzane y a las enseñanzas que he experimentado? ¿Fue mera coincidencia todo esto?" Y la respuesta que obtengo es: "No, no es coincidencia."

El hecho de saber que la muerte es una transición en lugar de un fin no hace que no debamos hacer el duelo de la persona amada que perdimos. De hecho, debemos hacerlo; debemos llorar antes de poder llegar a alguna resolución y "dejar ir". Algunas veces también necesitamos perdonar o alcanzar un nuevo nivel de entendimiento. Pero lo que sea que conlleve el duelo para nosotros, siempre es parte de nuestro programa.

El trabajo del duelo es un término utilizado por los consejeros que saben que los duelos nunca son fáciles. En mi trabajo, también comprendo el valor que tiene trabajar en el duelo para aprender las lecciones que nuestra alma necesita, y debe aprender, para superar la pérdida y la pena y así poder continuar. Cómo lidiamos con el duelo y llegamos a términos con nuestro duelo y nuestra pena es una reflexión no solo de quiénes somos, sino también de quién es el muerto y lo que significa en nuestras vidas.

Si bien la pérdida inicial puede ser más difícil si tuvimos una relación de amor con la persona en este plano, suele ser más sencilla que si la relación hubiera sido mala. Como escribió una de mis clientes luego de haber asistido a uno de mis seminarios:

"No me siento mejor porque mi abuela no esté conmigo, pero al menos ahora sé que está feliz y bien con mi abuelo".

El duelo de esta mujer fue bastante sencillo. No había enojos que evitaran que encontrara consuelo en saber que su abuela había hecho una transición en paz; no existían "problemas" no resueltos. Tal vez la única lección que esta mujer debía aprender era el "hecho" esencial de que su amada abuela continuaba su existencia en el mundo de los espíritus.

Pero, por supuesto, existen otras relaciones en las que la persona está "de malas" con la persona que ama al momento de su muerte. Estas situaciones en las relaciones tienen un impacto definido en el trabajo de duelo que debe realizarse. Aquí le muestro un ejemplo:

Una tarde, asistí a un seminario de Suzane esperando escuchar de un amigo querido que había fallecido hacía menos de seis meses. Había sido una gran pérdida para mí ya que, en los últimos 20 años, tuvimos una relación en la que habíamos pasado de ser amigos a amantes, y luego nuevamente a amigos. Teníamos un vínculo que nunca había visto antes—excepto en las películas. Mark y yo nos conocíamos muy bien, y éramos confidentes. Yo estaba pasando un momento muy duro y doloroso, y me sentía culpable inclusive de empezar el proceso del duelo. En los meses previos a su muerte, me había involucrado con otro hombre, y me encontré tan atrapada en esa situación que tuve miedo de contárselo a Mark porque había estado sacando tiempo en el que nos podríamos haber visto, poniendo una excusa u otra todas las veces que él me llamaba. Sentí que él debía estar presente de alguna manera porque nos habíamos comprometido a mantenernos cerca para ayudar al otro en la vida en caso de que uno falleciera antes que el otro. Necesitaba saber si estaba presente y que sabía cuán arrepentida estaba de no haberlo visto antes de su muerte.

Esa noche, cuando Suzane bajó de la plataforma y comenzó a caminar entre la audiencia entregando mensajes, se acercó a mi sector hablándole a una mujer frente a mí, ya que había dado un nombre con el cual la mujer se identificaba. Ahora, lo extraño fue que la mayoría de las cosas que ella le decía a esta mujer sobre el muerto que estaba presente, podrían haber sido para mí sobre Mark. Quería levantar mi mano y decir: "Creo que esos mensajes son para mí". Mi duda provenía del hecho de que el nombre que Suzane dio, no era el de mi amigo—ni siquiera parecido.

Cuando Suzane se movió hacia otro sector y durante el resto de la noche, me sentí obsesionada con la información que le había dado a esta mujer—estoy aquí, te amo, estoy bien, continúa, no te sientas culpable—que rondaba una y otra vez mi mente ¿Por qué no se había acercado a mí? ¿Por qué no vino Mark? Parecía que hubiera sido él quien hablaba. Todo lo que ella le dijo a esta mujer era lo que yo necesitaba escuchar de él. La mujer parecía conmocionada y aliviada por el mensaje recibido. Parecía débil al principio, y, dado que la observé durante el resto de la noche de a momentos, pude notar que su cuerpo pasó de estar en una posición colapsada a una posición recta luego de haber escuchado el resto de los mensajes que Suzane entregó en la sala. Ciertamente parecía haber algún tipo de cambio en su interior.

Justo antes del final de esa noche, Suzane dijo algo que fue de gran importancia e impacto para mí. Dijo que algunas veces los muertos que queríamos contactar en una situación grupal daban un paso hacia atrás para permitir que otro muerto llegara con el mismo mensaje que él nos querría entregar porque "la otra persona" lo necesita más, y es por eso que está así dirigido. Luego dijo que debemos aprender a escuchar de manera diferente a lo que estamos acostumbrados. Ahora sé que Mark estaba dando un paso hacia atrás, haciéndome saber a través de esta mujer lo que quería decir. Al conducir a casa esa noche, decidí que Mark sabía que yo estaba arrepentida y que él estaba cerca. Era tiempo de hacer el duelo y continuar—para que los dos pudiéramos continuar.

La historia de arriba nos da un ejemplo de cómo una persona, a través de un mensaje que no estaba dirigido hacia ella, tomó la decisión consciente de tomar la información del mensaje que parecía ser un mensaje encubierto para ella, y llegó a la conclusión de que debía continuar con fe y así comenzar su transición hacia la sanación y el cierre. También ilustra que todo sucede por una razón. Ella estaba allí y obtuvo el mensaje ¿Estaba Mark, su amigo, allí participando? Creo que sí. Sin embargo, muy a menudo no es tan fácil encontrar un cierre o llegar a un estado de paz con la muerte, y muchas veces lo hacemos más difícil aún porque no queremos escuchar lo que los muertos tienen para decirnos.

aferrarse al enojo no hace bien

El enojo es como una pared de ladrillos. Algunas veces se puede construir tan fuertemente que se necesitaría una topadora para tirarla. Muchas veces he visto que el enojo es tan profundo que el verdadero mensaje del muerto no puede llegar a la persona. Uno de estos casos sucedió en la sesión que sigue a continuación.

Una pareja se sentó frente a mí en el sofá. Ambos estaban rígidos y él parecía enojado, pero podría decir que la rigidez de ella indicaba que se estaba conteniendo para evitar la histeria. Sentí la presencia de una niña pequeña—dulce, tímida y amorosa. Me dijo que su nombre era Jennifer y que su hermana había estado allí para encontrarse con ella, y que la pareja que estaba sentada frente a mí había tenido que lidiar con la muerte de, como mínimo, dos niños. No me sorprende que haya habido tanta emoción en la sala.

Sentí que ella había muerto de cáncer, y Jennifer lo confirmó, y luego su padre lo validó. Cuando dijo bruscamente, apenas moviendo sus labios: "Sí, fue cáncer", sentí que la pequeña niña retrocedía, dudando, y retrocediendo nuevamente. Esto sucede y se llama arrebato emocional y retiro. La niña se había adelantado para consolar a su padre, pero luego retrocedió cuando sintió su enojo.

El enojo afloró por más de 30 minutos. Enojo con Dios, con la vida, con las personas que tenían hijos saludables y no habían pasado por lo que él había pasado. Cuando vino la hija mayor, la primera de la pareja y quien había llevado a Jennifer, también sintió el enojo.

"Deténganlo" escuché decir a Jennifer. "Recuérdenle a mi hermano, que está infeliz en su casa".

Intenté transmitir su mensaje, pero su padre no quería escuchar sobre el hijo que aún tenía vivo. Todo lo que quería hacer era despotricar contra cualquier poder que se hubiera llevado a sus hijas lejos de él.

A medida que la sesión continuaba, yo me sentía más y más maltratada por el enojo que surgía en la sala. Pero luego el enojo terminó abruptamente. En el medio de este ataque verbal corrosivo, el hombre se levantó, ayudó a su esposa, quien se había quedado callada, a pararse, y me agradeció amablemente por hacerle saber que su hija ya no sufría.

Me sorprendió por completo cuando se detuvo en la puerta, giró y me dijo sin rodeos que él y su esposa planeaban adoptar otra pequeña y que, maldita sea, mejor que fuera sana, porque no iba a pasar por "esto" otra vez.

Este padre torturado estaba tan enojado que no escuchó lo que su hija quería decirle. Había estado tratando de ofrecerle consuelo y la forma de construir un camino con su hijo. Pero él, aparentemente, había ido a la sesión únicamente para gritarle a la médium. Supongo que creería que yo era lo más parecido al "poder" que había decidido alejar a sus hijas de él.

Espero que eso lo haya hecho sentir mejor, porque ciertamente perdió la oportunidad que Jennifer le estaba ofreciendo para sobrellevar su duelo y continuar con el trabajo de duelo y su proceso de sanación. No conozco el programa de ese hombre (puedo ser psíquica pero algunas veces pierdo las llaves de mi automóvil), pero podría apostar que está relacionado con el manejo de la ira. Solo espero que no tenga que perder otro hijo para aprender la lección que su alma necesita para continuar.

Es importante que aprendamos a dejar ir al enojo y a liberarnos de él. Cuando nos apegamos al enojo, como puede ver en la historia anterior, bloqueamos nuestra sanación, resolución y transición.

cuando escucha, puede aprender algo

En el especial de HBO, "Vida después de la vida", la doctora Risa Gold, una psiquiatra, dijo que el duelo tenía un principio, una mitad y un final. La comunicación después de la muerte, dijo, implica un sistema de creencias que no todas las personas tienen, pero la experiencia de ser contactado por un ser amado es muy conocida para los psiquiatras y muy común entre las personas que estén en proceso de duelo. Este tipo de percepción aumentada es parte de la reacción normal del proceso de duelo, y visitar a un médium puede ser de ayuda.

Si bien la mayoría no habla mucho del tema, particularmente en sus círculos, hay un tipo de camino encubierto mediante el cual muchos terapistas acuden a personas de mi profesión, yo incluida, cuando no pueden ayudar a un paciente a resolver problemas relacionados con la muerte. Los terapistas saben cómo lidiar con los vivos, pero lidiar con los muertos (y aceptar que no están realmente muertos) no es algo para lo que hayan sido entrenados. Dado que ellos no pueden "hablar" con la persona muerta, no pueden ayudar a su paciente vivo a sobrellevar los problemas que pueda tener con una persona que se comunica en un nivel diferente. Pero algunos de ellos, con suficiente apertura de mente, refieren al paciente a alguien que sí puede hacerlo.

No hace mucho tiempo, una terapista me refirió a un paciente porque ella no podía responder a las preguntas que le permitirían avanzar luego de la muerte de su amante. Su paciente era gay y se había encontrado con un hombre con quien tenía una conexión fenomenal. Trágicamente, su pareja contrajo SIDA luego de que se encontraron, y desde ese momento, su relación había girado en torno a la muerte. Ahora que su amante estaba muerto, el sobreviviente dudaba de que hubiera habido alguna relación entre ellos más allá de aquella que se basaba en la enfermedad.

La terapista podría haber tranquilizado a su paciente, pero necesitaba saber la verdad. Al cabo de una sesión conmigo, durante la cual su amante vino y validó sus sentimientos para con la persona, le aseguró que su amor no se basaba en los cuidados o relación de paciente, el hombre que estaba realizando su duelo pudo continuar, y efectivamente, su vida cambió. No significa que no extrañara más a su pareja, o que no estuviera triste por su pérdida. Simplemente, luego de la comunicación, pudo tener la confianza que necesitaba para asegurar que lo que había sentido era real y no simplemente un deseo de su parte.

Ciertamente es alentador poder ayudar a las personas que los terapistas me refieren, pero no necesito ese tipo de validación para saber, de manera absoluta, que la comunicación con los muertos puede tener un efecto sanador en los duelos. Obtengo mi validación día a día con mis clientes, como por ejemplo, con la mujer que escribió lo siguiente:

Mis dos padres habían fallecido. Mi madre, con quien era más cercana, hacía 16 años, y mi padre hacía menos tiempo. Desde la muerte de mi madre, yo había crecido muy cerca de mi padre, y su muerte realmente me afectó.

Asistí [a la sesión espiritista] esperando conectarme con mi padre, solo para saber que estaba allí y que estaba bien. Sin embargo, mi madre llegó con más fuerza. Ella lo está cuidando y eso me hace feliz. Ahora puedo continuar.

Gracias a mi experiencia con Suzane, hoy tengo felicidad en mi corazón. Ella me enseñó que el amor y la conexión con la familia nunca desaparecen.

Sin embargo, para aprovechar nuestra comunicación, es necesario que escuchemos lo que los muertos tienen para decir, porque sus mensajes son siempre para nuestro beneficio. Algunas veces, debido a nuestra reticencia a creer en que el alma sobrevive, no somos receptivos de los mensajes que nuestros seres amados intentan entregar. En el caso del hombre que había perdido a sus dos hijas, era el enojo lo que lo bloqueaba. Algunas veces los muertos quieren decirnos algo que nosotros no queremos escuchar.

Una mujer que vino estaba tan triste por la muerte de su hija que había transferido su duelo a un hábito de compradora compulsiva. Todas las semanas iba a un centro comercial o dos y compraba de manera compulsiva. Su armario parecía las estanterías de las tiendas, con todas las etiquetas puestas. Rara vez vestía lo que compraba. Algunas de las prendas ni siquiera eran de su talla. Ella había hecho esto religiosamente durante varios meses luego de la muerte de su hija, por lo que no solo estaba endeudada, sino que también negaba su problema. No es necesario que aclare que esto perjudicó su relación con su esposo. Por lo que me dijo su hija en espíritu, había sido su amor por ella lo que los había mantenido juntos, y ahora que ella se había ido, habían empezado a separarse.

Durante nuestra sesión, la joven intentó hablar con su madre sobre el problema de los gastos, pero ella cambiaba de tema constantemente. La hija fue bastante persistente, pero la madre fue más persistente aún. Todo lo que quería escuchar era que su hija estaba bien y segura, y que sabía cuánto la extrañaba. No quería saber que su hija tenía su propia opinión sobre lo que había provocado la pérdida, ni que la aconsejara sobre la compulsión que veía crecer, al mismo tiempo que negaba. Este no era el tipo de relación que esta madre quería tener con su hija—ni en este plano ni en el siguiente.

La muerte de un ser amado puede ser un verdadero llamado de atención, brindándonos una visión importante de la trayectoria de nuestro propio viaje, siempre y cuando estemos dispuestos a escuchar lo que sea que llegue, con nuestra mente abierta. Para aprovechar esta percepción, debemos lidiar con los problemas que se presentan durante el proceso del duelo. Si ignoramos estos problemas y el proceso de duelo, perderemos una excelente oportunidad de crecimiento. La compradora compulsiva nunca volvió, por lo tanto nunca supe cómo avanzó su vida, pero tengo la sensación de que no debe haber llegado a ningún buen resultado.

Sin embargo, si escuchamos, como en el caso de abajo, puede hacer toda la diferencia:

Una mujer atractiva vino a mí estando enferma y exhausta, y cuando explicó, entre sollozos, que había abierto la puerta de su casa y había encontrado a su padre, con quien vivía, muriendo, pude entender por qué estaba tan agotada emocionalmente.

Parece que esa noche había ido a un cajero automático a sacar dinero, diciendo: "Vuelvo en un minuto" mientras cruzaba la puerta. Pero, aparentemente, unos ladrones lo siguieron a su casa y lo mataron en la puerta, por el dinero, unos pocos momentos antes de haber logrado llegar a un lugar seguro.

Durante semanas después de su muerte, la familia había "sentido" su presencia en la casa, pero no sabía qué hacer con eso. La hija estaba sufriendo de graves dolores de cabeza y, una noche, con demasiado dolor como para dormir, se sentó en el estudio de su padre a escuchar música. Por "casualidad" puso algunos CDs de Frank Sinatra y Tony Bennett. No sabe por qué tomó esa decisión, ya que no era el tipo de música que ella escuchaba, pero eran las canciones favoritas de su padre.

Cuando se sentó en un tipo de ensueño a escuchar la música, escuchó la voz de su padre. Hablaron un poco y luego su espíritu desapareció. "Sentí que él sonreía", dijo. "Sé cuán bien me sentía cuando me sonreía, y esta vez pasó lo mismo".

Si bien ella aún siente el amor de su padre alrededor, nunca ha regresado de la misma forma. Pero para ella fue suficiente con saber que él estaba en paz, y sus dolores de cabeza nunca regresaron.

Es su elección

Si puede volver a leer las últimas páginas, verá que en ninguna ocasión los muertos que se comunicaron con sus seres amados interfirieron con el libre albedrío de la persona. Siempre depende de nosotros decidir si queremos escuchar o no lo que tienen para decirnos. Y luego, debemos decidir si actuar según la fuerza y dirección de sus mensajes o no. Pero, como ya he dicho, los muertos siempre hacen lo mejor para nosotros. Lo que sea que quieran que escuchemos proviene de su amor eterno y, por el bien de nuestras almas, deberíamos al menos intentar descubrir qué lección debemos aprender a partir del duelo que atravesamos por su muerte.

Estoy segura de que puede ver que es mejor encontrar la paz como lo hizo la joven mientras escuchaba música con su padre en espíritu que ir por la vida atormentada por el enojo o arruinar una relación amorosa con su esposo, hijos, o seres amados porque el duelo le está provocando un comportamiento autodestructivo.

cuando los problemas no son resueltos

Cuando realmente amamos a alguien que fallece, nuestro duelo suele ser poco complicado, directo y conciso. Puede ser difícil de comprender por qué nos alejaron de esa persona o descubrir el significado de esa muerte para nuestro viaje, pero el duelo en sí no está envuelto en emociones conflictivas. Es por eso que, cuando tengo la oportunidad, les aconsejo a las personas trabajar en sus problemas para relacionarse en este plano, porque de esta forma es mucho más sencillo pasar por los duelos. Ciertamente, los terapistas frustrados que me envían pacientes, saben que esto es verdad.

Cuando expresamos el dolor, el enojo o la decepción para con alguien que vive, simplemente tenemos más posibilidades de obtener—y comprender—las respuestas que necesitamos para llegar a la paz y la resolución. Existen muchas razones para eso. En primer lugar, he notado que la muerte puede alterar nuestras percepciones de cómo fue nuestra relación con quien ha fallecido, de formas que no siempre es útil o "saludable" para quien duela.

Por ejemplo, hace un tiempo, me encontré con dos mujeres, hermanas, cuyo padre había muerto cuando eran jóvenes. La más grande aún estaba enojada por cosas que su padre había hecho en vida, mientras que la más joven sentía amor y perdón. Sin embargo, al escuchar sus historias, cualquiera habría pensado que esos sentimientos deberían haber estado invertidos.

La hija menor había sido la más extrovertida y "dramática" en todos los sentidos, y su forma de actuar aparentemente había enojado tanto a su padre que en más de una ocasión la había golpeado. Las dos mujeres estuvieron de acuerdo en que, cuando eran pequeñas, la hermana menor había sido "golpeada a menudo". Pero era la mayor, la que no había sido golpeada, quien ahora tenía enojo y resentimiento por un comportamiento del que solo había sido testigo, mientras que aquella que había crecido enfrentando el abuso físico declaró que su padre había sido "muy generoso" y que le había dado muchos lujos.

Las dos estaban tensas discutiendo sobre su pasado común, la más grande acusaba a la más pequeña de "escribir otra versión de la historia", mientras que la más joven regañaba a la mayor por no poder perdonar. Es imposible saber, sin haber estado allí, cuál versión de la "historia" era más precisa, pero puedo decir que la muerte del padre había provocado que estas dos mujeres lo vieran de manera muy diferente de lo que probablemente hubiera sido en vida. ¿Era una mejor que la otra o estaban haciendo el duelo (o fallando al hacer el duelo) por la pérdida de alguien que, en efecto, era un completo extraño? Sin su padre allí para hablar con él, lo único cierto era que ambas estaban pasando por un momento difícil para lidiar con sus sentimientos y que no hubiera sido tan así si hubieran confrontado estos problemas mientras él aún estaba vivo.

Otra razón por la que puede ser difícil resolver los asuntos no resueltos con nuestros seres amados en espíritu es que el programa de límites puede, por alguna razón, evitar que el muerto nos entregue las respuestas que buscamos. Ya he hablado sobre esto en caso de muertes violentas, por ejemplo. Y, finalmente, la comunicación con aquellos en espíritu no es tan directa como la comunicación con los vivos. Los muertos envían mensajes mediante sonidos, sensaciones, sentimientos e impresiones, pero no tienen el mismo tipo de intercambio verbal que tenemos con aquellos que tienen un cuerpo físico, por lo tanto, conlleva más esfuerzo para que comprendamos e interpretemos exactamente lo que intentan decirnos. Y, además, los conflictos que siguen siendo importantes para nosotros, pueden no serlo para ellos. Su amor y preocupación por nosotros continúan, pero los problemas no resueltos al momento de dejar su cuerpo físico, ya no son problemas para ellos. Pueden haber continuado más allá de su enojo o decepción o dolor emocional y, por lo tanto, no pueden proporcionarnos lo que necesitamos para continuar más allá de nuestros problemas.

El siguiente intercambio publicado en el foro de mi sitio web hace unos años, ilustra qué tan difícil puede ser para nosotros llegar a estar en paz con nuestros sentimientos por aquellos que han fallecido.

Mary,

Tienes tanto enojo dentro de ti. Yo también lo tenía. Podríamos hablar de mi madre como una mujer perturbada. Su corazón se encuentra confundido y ha provocado que mis hermanas y yo suframos mucho—física, verbal, y aún peor, emocionalmente. También manifiesta una falta de cuidado por su vida. Sus emociones parecen suaves en un momento y volátiles al siguiente. Viví con ella durante casi cinco años de mi vida, los cuales hoy considero *"verdaderos años de horror"* Realmente despreciaba a mi madre, no quería tener nada que ver con ella, hasta que comencé a descubrir la persona que mi madre era, más allá de ser mi madre. La vida entera de mi madre podría denominarse *"verdaderos años de horror"*.

Al principio no me importaba. ¿Por qué me debería afectar la situación que ella había vivido? Yo no le había hecho nada, por lo tanto, ella no me debería haber hecho nada a mí. Pero, la vida no es fácil, y desafortunadamente no todas las personas tienen la fortaleza mental para vivir ese tipo de situación de la mejor forma. Mi madre había ocultado el dolor muy dentro suyo, tan dentro que cuando salió a la superficie, creó una agonía tal que parecía que habían dos personas peleando dentro de ella. Nadie lo sabía y tal vez a nadie le hubiera preocupado. Aprendió a vivir con eso, pero no tenía la capacidad de hacerlo bien.

No, mi madre no debería haber tenido mascotas, mucho menos hijos. Pero lo hizo. Y yo elegí que fuera mi madre, yo lo elegí. Creo que las almas saben quiénes van a ser, así como también conocen sus fortalezas y debilidades—no eligen al azar (al menos eso es lo que creo). Venimos al mundo listos para aprender las lecciones que debemos aprender, y nuestros padres suelen ser los primeros en ayudarnos con esta tarea. Esto no significa que vayan a ser buenos padres, porque es imposible si no son buenas personas.

Desafortunadamente, parece ser que no es el caso de ninguna de nuestras madres. Tal vez sus almas sufrieron heridas en otras vidas, otras experiencias. No lo sé. Pero sí sé que esto no cambiaría el hecho de que nos hubieran lastimado. Creo que debemos trabajar para dejar ir el enojo. ¿Por qué llevarlo a otra vida? Las únicas que resultaremos lastimadas seremos nosotras. Ya no estoy enojada con mi madre. No la veo, rara vez hablo con ella, y ciertamente no he perdonado su comportamiento. Pero no estoy enojada con ella, porque es una mujer que necesita sanación y solo puede encontrarlo en su interior. Realmente espero que lo logre.

Espero que tu madre haya encontrado la sanación del otro lado. Y espero que encuentres la sanación en esta vida. Espero que las dos la encontremos.

Emily

Emily,

Tienes razón—aún estoy enojada con mi madre aunque ella haya muerto hace cinco años. Parece ser que mis sentimientos se intensifican cuando hablo con mis hermanos, quienes también estaban aterrados por ella. Y también he escuchado que "elegimos" a nuestros padres antes de nacer.

Gracias a Dios tengo un gran padre, pero aun no entiendo por qué elegí a una madre tan aterradora. Me pregunto si en una vida anterior yo habré sido una terrible madre para ella, y si este es mi castigo en esta vida. Desde que mi madre murió, sueño con ella, pero nunca me dice nada en los sueños, solo se para cerca de mí. Esos sueños me han ayudado a liberarme de parte del enojo que siento para con ella. Desafortunadamente, algunas veces tengo sueños donde mi madre aún se muestra en su "versión enojada".

Mary

Emily había tenido la suerte de comprender, mientras su madre aún estaba viva, no solo que había hecho lo mejor en base a su infeliz vida, sino que también ella, Emily, había elegido a su madre porque su alma necesitaba aprender la lección que haber nacido con esa mujer podría enseñar. Puede haber sido contención o perdón; tal vez debía desarrollar su propia fortaleza interior. No estoy segura, pero lo que sí sé es que al llegar a un acuerdo con sus sentimientos antes de la muerte de su madre, aprendió lo suficiente para liberarse del dolor adicional de tener que vivir con los sentimientos de culpa que siempre acompañan a la falta de resolución.

Desafortunadamente, Mary no había tenido tanta suerte y su enojo no resuelto continuaba afectando su vida, incluso después de la muerte de su madre. En el último párrafo del mensaje para Emily, habla de que había dado en adopción a su hijo discapacitado porque "había pensado que la odiaría, como ella odiaba a su madre". Emily pensaba que estaba siendo castigada por alguna transgresión pasada, pero espero que usted entienda que el programa para el alma no tiene nada que ver con los castigos y que Emily se estaba castigando a sí misma. Ella cree que Dios quiso que ella abandonara a ese niño. Sin importar lo que usted crea, espero que haya tomado las decisiones, ya que eso la ayudará a sanar su alma y a resolver el dolor.

¿qué pasa si ellos tienen problemas con nosotros?

Uno puede pensar que, de la misma forma que nosotros tenemos asuntos no resueltos con aquellos que han fallecido, sus problemas con nosotros en el plano terrenal también permanecen no resueltos. La conciencia, como sabemos, permanece para siempre; si no fuera así, no podríamos comunicarnos con los muertos como lo hacemos. Y el aprendizaje que ocurre en el cuerpo físico también es llevado con nosotros luego de la muerte. Entonces es lógico pensar que mientras que los muertos siguen siendo conscientes de las decepciones o diferencias que puedan haber experimentado en su relación con nosotros en este plano, la diferencia importante es que no llevan con ellos la misma carga emocional que nosotros sentimos cuando ellos pasan al otro lado. Ellos lo superan rápidamente y pueden continuar.

Nuevamente, todo enojo, amargura, resentimiento, miedo, dolor u otra emoción negativa que le atribuya a los muertos, en realidad proviene de usted. Su mensaje siempre es—y no me cansaré de enfatizarlo o repetirlo—que lo aman, que están bien y que harán lo que sea necesario para continuar con el viaje de sus almas. Si estaban enojados con usted, lo habrán perdonado, pero es parte de su proceso y lleva tiempo, especialmente Si su relación con ellos, o la de ellos con usted, era una relación de enojo, volátil o de miedo. Si, por ejemplo, un padre fue abusivo, sus hijos pueden no querer hablar con el muerto. El hijo puede negarse, en un principio al menos, a la comunicación, pero ese hijo también necesita, eventualmente, solucionar su enojo para que su alma pueda avanzar al siguiente nivel. El intento de comunicación del padre puede ser la oportunidad que el hijo necesita para alcanzar la resolución, e incluso si el hijo no puede perdonar en este nivel, su alma comprenderá y el padre recibirá el perdón. El proceso de perdón es diferente en el mundo de los espíritus si lo comparamos con el mismo proceso cuando estamos en cuerpo físico, y aquellos que quedan atrás, del mismo modo que los muertos, deben resolver sus problemas.

Al final, la falta de perdón es completamente suya. Parte de la tarea del duelo es aprender a perdonarse a usted mismo y, algunas veces a otros, por lo que debe dejar ir esos sentimientos negativos y continuar. Es parte del trabajo de los muertos facilitarnos esto, haciéndonos saber que fuimos perdonados, y es nuestro trabajo escuchar y actuar en consecuencia de lo que tienen para decirnos. Ellos no pueden obligarnos a perdonar—es parte de nuestro programa, pero pueden ayudarnos a tomar conciencia de que el perdón puede ser una de las lecciones que debemos aprender estando aquí.

la energía del duelo

Lo que fluye de nosotros hacia nuestros seres amados que han fallecido es la energía vibratoria, y esta energía puede ser positiva o negativa. Hasta que hayamos aprendido a trabajar en nuestro duelo, a resolver nuestras emociones autodestructivas y a encontrar la forma de equilibrar nuestra alma, emitiremos energía negativa y no podremos continuar con nuestras vidas. Estaremos construyendo un karma negativo, el cual deberá ser balanceado en algún momento, ya sea en este plano o en el siguiente. Sin importar cuánta energía positiva pueda enviarnos quien falleció en nuestro camino, debemos estar abiertos para recibirla y usarla como ellos quisieran—para avanzar a la siguiente etapa de nuestro viaje, y no acumular negatividad para nuestra vida futura, y tener que aprender la misma lección una y otra vez. Es por esto que creo que el duelo es una "tarea". Es un trabajo que debemos hacer, superar, completar y dejar a un lado; de otra forma, continuará persiguiéndonos como cualquier otra tarea que dejemos incompleta en nuestras vidas. La doctora Elisabeth Kübler-Ross, quien aconsejó a cientos de pacientes y sus familias debido a su investigación sobre la muerte, también sabía que cada etapa del duelo—negación, enojo/resentimiento, negociación, depresión y aceptación—implicaban cierta energía. Hasta que hagamos nuestro trabajo de duelo y nos movamos por las cuatro primeras etapas hasta la fase de aceptación, estaremos emitiendo un grado de energía resistente en todo lo que hagamos, y los muertos suelen interpretar esto como una señal de que no estamos listos para la comunicación.

capítulo siete
cómo las almas se encuentran las unas a las otras

*h*ace varios años, un compañera del trabajo y amiga mía estaba atravesando una crisis. Su hija adoptiva se había escapado de su casa. Mi amiga estaba devastada. Estaba triste todo el tiempo, simplemente preguntándose cómo estaría o si habría escuchado algo que la hubiera hecho llorar.

Yo sentía mucha empatía por ella. Años atrás, mi hermana también se había escapado de mi casa. Mi madre estaba hecha un Cristo. Lloraba siempre y no dormía nunca. Y así continuó por muchos meses. Eventualmente, mi hermana llamó, pero no mucho después de eso, mi madre desarrolló cáncer y falleció.

Una tarde en particular, cuando estaba saliendo del trabajo, hablé con mi amiga y nuevamente estaba llorando. No tenía idea de dónde estaba su hija adoptiva, si estaba bien, si necesitaba algo, o si alguna vez regresaría a su casa.

Mientras conducía hacia mi casa, sintonicé la radio para escuchar a Suzane. No era la primera vez que la escuchaba, pero como dicen, los momentos lo son todo. De todos modos, la escuché mientras manejaba y para cuando me detuve, estaba llorando. Me senté en el automóvil por un momento y comencé a hablarle a mi madre. Le conté sobre mi amiga y por todo lo que estaba pasando. Sabía que mi madre lo entendería porque había vivido una circunstancia similar. Le dije: "Mamá, si lo que Suzane dice es posible, entonces puedes escucharme, sabes lo que mi amiga está sintiendo y por cuánto dolor está pasando. No puedo pretender que hagas que su hija regrese a su casa, pero si tan solo pudieras entregarle un mensaje a la hija para que llame a su madre y le haga saber que está bien..." En mi mente imaginaba que mi madre conocía a alguien que conocía a otra persona que a su vez conocía a esta joven, y el mensaje, el fuerte impulso de llamar a su madre, llegara a esta muchacha.

A pesar de esto, seguí mi tarde como de costumbre. Cuando llegué al trabajo a la mañana siguiente, mi amiga me saludó y me contó que su hija adoptiva la había llamado la noche anterior y que estaba bien.

la atracción de las vibraciones similares

Las almas con energías similares se encuentran entre sí, ya sea en este plano, en el siguiente, o simplemente mediante cierta comunicación. La mujer de la historia previa estaba en lo cierto al "saber" que su madre podría "entregarle el mensaje" a la hija de su amiga de que debía llamar a su casa. Las almas con programas similares, tareas de aprendizaje similares o experiencias similares emanan vibraciones similares y se "encuentran" unas a otras porque son atraídas por su energía vibratoria. Lo que he notado es que, generalmente en grupos pequeños, las personas parecen reunirse por un tema en común. En los grupos más grandes, parece ser que las personas que se conectan por temas parecidos se sientan en las mismas áreas. La energía es un imán. Es algo que ocurre en mis seminarios y conferencias todo el tiempo, como sucedió cuando Michael y Terri asistieron a un seminario hace unos años.

Antes de hablar sobre el último seminario al que asistimos, debo contarle sobre un sueño. Un día, Terri, mi esposa, estaba muy enferma. Soñó que Brandon, nuestro hijo, pasaba caminando arrastrando un carrito rojo lleno de bebés. Terri lo llamó: "Brandon, soy mamá." Brandon la miró y le dijo: "Lo siento mamá, estoy muy ocupado ahora. No tengo tiempo para ti ahora. Debo cuidar a los bebés" y continuó su camino. Terri se despertó y encendió la televisión. Todos los canales estaban cubriendo las últimas noticias—el bombardeo en Oklahoma City.

Cuando Terri y yo asistimos a nuestro último seminario, entramos y vimos personas que conocíamos, pero algo nos llevó a sentarnos en un área diferente. Mientras Suzane caminaba entre la audiencia, se detuvo en nuestra fila y dijo: "Hay un nombre con BR" pero no pudo explicar mucho más. Tanto mi esposa como la mujer que estaba sentada al lado levantaron sus manos. Terri dijo: "El nombre de nuestro hijo es Brandon" y la mujer de al lado dijo que el nombre de su hijo era Brian. Esto explicaba los dos mensajes conflictivos. Quedó claro que ambos hijos estaban allí. Suzane nos miró y nos dijo "un gran vehículo". Le explicamos que Brandon había sido atropellado por un autobús escolar, y que Brian había sido asesinado por un tractor con tráiler. Suzane continuó, diciéndole a la madre de Brian: "Puso objetos grandes en la lápida", y ella le contó que había puesto un avión en la piedra. Luego Suzane giró hacia nosotros y nos dijo que Brandon estaba diciendo que había muchas cosas en el ataúd, y poco espacio para él. Le dijimos que habíamos puesto su almohada y bolsa de dormir, algunos juguetes, su dinosaurio y algunas fotos nuestras. Después de ese seminario, hablamos con la madre de Brian, compartimos fotos y hablamos sobre cómo habíamos perdido a nuestros hijos. Le contamos a la madre de Brian sobre el sueño de Terri y comenzó a llorar, diciéndonos que Brian había sido asesinado el día del bombardeo en Oklahoma City.

Los padres de Brandon y Brian se acercaron en dos niveles. El hecho de que sus hijos estuvieran juntos en espíritu obviamente los había acercado, al igual que el hecho de que sus pérdidas habían sido similares y que todos emanaban energías vibratorias similares. ¿Por qué habrían elegido los padres de Brandon sentarse en un lugar diferente en el seminario? Simplemente, la "atracción" de las vibraciones de los padres de Brian era mucho más fuerte que el deseo de sentarse cerca de sus amigos.

Otro ejemplo verdaderamente asombroso de esto ocurrió en un seminario reciente en el que dos parejas estaban sentadas en la misma fila, pasillo de por medio. Ambas parejas habían perdido hijos de la misma edad en accidentes automovilísticos, y las dos parejas tenían segundos hijos llamados Michael. Parecía que cada vez que recibía un mensaje, aplicaba de igual manera para las dos parejas. Cuando les pregunté quién tenía en su bolsillo algo relacionado con su hijo, el padre de uno dijo que siempre llevaba una piedra que le recordaba a su hijo, y el otro sacó una cadena que le había regalado a su hijo y luego había tomado de su cuello el día del accidente en el que había muerto. Resultó ser que ambas parejas vivían en la misma ciudad y habían venido a esta ciudad solo para asistir al seminario. Y, tal vez, lo más remarcable de todo, la madre de uno había tenido un sueño extremadamente vívido en el que aparecía el hijo de la otra pareja. Ella pudo describirlo con precisión, aunque nunca antes se habían encontrado, y al momento del sueño, no tenía idea de quién era. A medida que la tarde avanzaba, me quedaba más claro que estas dos familias estarían unidas de por vida por sus pérdidas similares.

Hay otro ejemplo de esta atracción vibratoria que me recuerda, cuando escuché la historia, que podría haber sucedido en una película romántica como *Sleepless in Seattle* o *An Affair to Remember*, en las cuales las almas de los personajes—en estos casos las dos parejas eran, en realidad, amantes—parecían haberse acercado por una coincidencia casi imposible de imaginar (excepto, por supuesto, que nada es una coincidencia). En todo caso, esta es la historia que me contó una mujer que había perdido a sus dos padres y estaba atravesando por una relación extremadamente difícil y emocionalmente agotadora con sus hermanos.

El año que siguió a la muerte de mi padre fue horrible para mi relación con mis hermanos. Todas las cosas típicas que uno escucha que les suceden a las familias cuando pierden a sus padres—las horrorosas historias sobre la falta de comunicación y desconfianza que usted asegura que nunca ocurrirán en su familia—estaban ocurriendo en la mía.

La presión era intensa y me sentía (y honestamente fue así como me trataron) una extraña. Mis hermanos estaban casados y tenían hijos. Yo no. Sentía que ellos tenían sus hogares y sistemas de apoyo, los cuales yo no tenía. Sus familias aún estaban allí en sus hogares, cada día. Yo estaba sola. Durante el último año de vida de mi padre, le hablé casi todos los días. Lo veía, como mínimo, una vez por semana. Su muerte dejó un gran vacío en mi vida, y cuando busqué el apoyo de mi familia, solo obtuve enojo, frustración y más problemas. (Para ser justa, ellos también se estaban recuperando de una gran pérdida, y estoy segura de que todos creíamos que sufríamos más que los demás y recibíamos menos).

De todos modos, a medida que se acercaba el día de Acción de Gracias, supe que no podía organizar nada "familiar". Simplemente era demasiado difícil luego del año horrible que había tenido, las presiones eran demasiado grandes. Sabía que era la receta para el desastre. Mi sobrina estaba pasando el semestre en Roma, por lo que decidí realizar un viaje de diez días a Italia, en el que incluía visitarla. El viaje fue un regalo de mi padre (de su herencia) pero se convirtió en un regalo aún más importante.

El día de Acción de Gracias me encontraba en Florencia, pasando la tarde sola, y decidí detenerme en un café para probar mi primer helado. Justo delante de mí había un hombre de mi edad, también estadounidense. Hablamos un poco mientras esperábamos y luego continuamos conversando en la plaza. Me preguntó qué estaba haciendo sola en Florencia el día de Acción de Gracias, y le expliqué que mi padre había muerto hacía un año y que necesitaba alejarme un poco. Él dijo: "Lo mismo me sucedió a mí, excepto que quien falleció fue mi madre. Soy soltero y mis hermanos y hermanas están casados, y no comprenden por lo que estoy pasando". Le dije: "Me sucede lo mismo. Ha sido horrible, y me tratan como si fuera una niña que no tiene voz en esto". Él dijo: "Lo mismo en mi caso, y para peor, mi padre murió hace casi diez años".

"Lo mismo ocurrió con mi madre", le dije. Y así continuamos hablando.
Imagine dos personas atravesando la misma situación, con los mismos problemas y las mismas reacciones y necesidades, encontrándose en Florencia mientras esperan un helado el día de Acción de Gracias; dos personas que, normalmente, hubieran estado con sus familias.

Hablamos un poco más, y luego cada uno siguió su camino. No sé quién es ni de dónde es exactamente. No intercambiamos nombres ni números telefónicos. Pero sé que el encuentro con ese hombre cambió mi vida, ya no me sentía sola. Nunca volví a hablar con él, pero cuando las cosas se ponen difíciles con mi familia, sé que él está allí en algún lugar y que no estoy sola. Pude volver a mi casa y ver a mi familia, y no me dolió tanto cuando me dejaron afuera o no me llamaban para saber cómo estaba, porque sabía dos cosas—la primera, él estaba allí pasando por una situación muy similar, y eso me confortaba. La segunda, mis padres estaban (y aún están) cerca mío. Todavía me están cuidando y se aseguran de que estoy bien. Encontrar a este hombre (algunas veces me pregunto si era un ángel) salvó mi espíritu y fue el mejor regalo que mis padres me puedan haber hecho.

Si bien la atracción vibratoria de aquellos que sufren pérdidas similares puede ser el vínculo más fuerte, cualquiera que haya sufrido una pérdida e intente comunicarse con algún ser amado en espíritu, será atraído en cierta medida a otros que están pasando por la misma situación. Es por esto que cuando hago retiros o cruceros, durante los cuales los clientes están, necesariamente, juntos por un período de tiempo, estos eventos son experiencias vinculantes, y también pueden ser sanadoras por el hecho de todos los presentes están de una manera u otra "en el mismo bote", literal o metafóricamente, así como también proveer solaz y consuelo para todos. De hecho, estoy segura de que muchas veces son los muertos quienes arreglan todo para que así sea.

los muertos saben dónde se los necesita

Nuestra alma siempre sabe dónde debe estar, y debido a que, según lo que la ciencia nos enseñó, la energía existe en todos los puntos del continuo espacio-tiempo de manera simultánea, es posible que los muertos "parezcan estar" en más de un lugar al mismo tiempo—si es que así lo necesitamos. Lo que sigue a continuación ocurrió cuando una mujer vino a uno de mis seminarios en Connecticut esperando escuchar de su abuela:

El día de su seminario estaba desesperadamente perdida, y tuve que detenerme a preguntar y pedir ayuda tres veces. Llegué 20 minutos tarde, cuando estaba ya estaba usted terminando la presentación y la explicación de lo que hacía. Afortunadamente, había ido a un seminario unos meses atrás y había escuchado allí lo que ese día me había perdido. Escribí el nombre de mi abuela, Rose, en una tira de papel, esperando escuchar de ella.

Cuando usted hizo que todos habláramos sobre la persona con quien nos habíamos encontrado en la glorieta [durante la meditación] mi corazón se entristeció un poco. Mi abuela no se presentó y pensé que mi única posibilidad se había perdido. Yo no sabía que dos personas habían escuchado sobre Rose, ambas diciendo que habían sentido el nombre antes de la meditación (casi en el momento en el que llegué al seminario). Rose estaba en la cocina, dijo una mujer (a quien abracé más tarde ese mismo día), con un vestido floreado y limpiando pescado, cosa que a ella no le agradaba hacer. Su hermano, que vivía con ella y ahora está en un hogar para convalecientes con Alzheimer, adoraba el pescado y llevaba lo que pescaba a su casa para que ella lo limpiara. Oh, ¡cómo le disgustaba esto!

La mujer al otro lado de la sala escribió "la playa". Mi abuela siempre estaba en la cocina, nunca tuvo vacaciones, nunca viajó a la playa ni quiso hacerlo. Y luego lo comprendí. Mi madre, la hija de mi abuela, estaba en la playa esta semana, de vacaciones en Ocean City, Maryland. Por eso no había venido conmigo ese día. Mi abuela debería estar en la playa con ella. Cuán feliz hizo a mi madre.

La abuela sabía dónde debía estar, para consolar y hacer notar su presencia continua en la vida de su hija y su nieta. Afortunadamente, dado que Dios o el Poder Superior lo había dispuesto así, pudo estar con las dos. ¡Espero que haya disfrutado de ese viaje a la playa que nunca hizo en vida!

El mismo tipo de comunicación simultánea ocurrió en otra ocasión, cuando un hombre trajo paz a su esposa e hija que estaban en proceso de duelo.

Estaba muy emocionada cuando Suzane se refirió a mi esposo como Jimmy. Había estado con otras psíquicas, pero ninguna había dicho jamás su nombre. Ella describió su chaqueta escocesa roja y negra favorita y confirmó que había muerto de cáncer. Me fui de allí muy emocionada, sabiendo que Jimmy aún estaba conmigo. Me preocupaba que se hubiera olvidado de mí. Pero más importante aún, cuando él estaba muriendo me preocupaba que su hija lo olvidara.

Al día siguiente, cuando desperté, mi hija me contó que había tenido un sueño la noche anterior sobre su padre. Ella no sabía que yo había asistido a una sesión espiritista con Suzane. Le pregunté cómo lucía él, y ella dijo: "como papá". Luego le pregunté qué estaba vistiendo en su sueño, y dijo: "una chaqueta escocesa roja y negra". Yo estaba convencida de que mi Jimmy había visitado a su hija cuando Suzane lo trajo. ¡De corazón estoy segura de que él me está esperando y que nunca nos olvidará!

algunas veces, nuestros caminos deben separarse

Antes hablé sobre el hecho de que las familias no necesariamente permanecen juntas después que han fallecido —aunque siempre hay al menos un ser amado que nos ayuda a cruzar, y los miembros de la familia están allí para comunicarse con nosotros cuando deben entregar algún mensaje. Pero dependerá de los programas individuales de cada uno si las almas permanecen juntas o si encuentran su propio camino.

Dado que no hay dos almas que tengan exactamente el mismo programa, los muertos pueden permanecer en el viaje del otro, o no. Si aún tienen algo para enseñarse mutuamente, se quedarán. O pueden convertirse en parte del viaje del alma de otra persona, como hizo Brandon, en la historia que conté antes, cuando ayudó a los bebés que habían muerto en la ciudad de Oklahoma. Incidentalmente, los niños también tienen tareas que completar, y ayudar a otros niños a adaptarse a sus vidas en espíritu, suele ser una de ellas.

Por otra parte, sucede a veces que debemos permanecer juntos porque nuestros programas así lo requieren. Y si eso es lo que debe suceder, sucederá. De hecho, las lecciones que debemos enseñarnos entre nosotros no pueden ser aprendidas en su totalidad sin el uso de nuestros cuerpos físicos de tanto en tanto: es posible que, si un alma reencarna, la persona con quien deba estar sea él o ella en este plano, también reencarne. Pero esto no siempre es posible, porque una de las almas puede tener asuntos pendientes que no involucran al otro. Y, si este es el caso, encontraremos a otra persona, luego de reencarnar, que pueda enseñarnos la misma lección. Me da la sensación de que las reglas fueron definidas, pero cuando pienso que se han concretado, se vuelven a definir. ¡Qué gran prueba para aquellos que son estructurados! Recuerde que no justamente necesitamos a una persona en particular en nuestra vida, sino la lección que esa persona debe enseñarnos. De hecho, existen situaciones en las que intentamos resolver algún problema o aprender una lección de otra alma y, simplemente, no podemos hacerlo por más que nos esforcemos mucho. Si ese es el caso, y al continuar haciendo lo mismo una y otra vez no llegamos a ninguna parte, el regalo de la gracia nos asegura que aprenderemos a intentarlo de otra forma. Los muertos quieren que aquellos que hemos sido dejados atrás tomemos las decisiones necesarias para avanzar, y el Poder que dirige el "equipo celestial" quiere que quienes están en espíritu hagan lo mismo. Es por esto que, independientemente de lo que el alma necesite para completar algún aspecto de su programa, esto sucederá, de una forma u otra.

Siempre nos acercamos a los demás porque tenemos algo que enseñarles, porque los dos tenemos algo que aprender, o porque la situación creada al conocernos ayudará a nuestra alma a crecer y a avanzar hacia el siguiente nivel de su desarrollo. Esas lecciones pueden ser muy diferentes, ya que todos los programas son únicos, pero puede estar seguro de que siempre existe una razón para esto.

capítulo ocho
perdiendo a un padre
~ madres e hijas, padres y hermanos ~

La elección de nuestros padres es, probablemente, la primera y ciertamente la más importante decisión que nuestra alma debe tomar al determinar cómo venir a esta vida. Quiénes serán nuestros padres determina de manera importante la huella básica de nuestro viaje. ¿Morirá alguno joven? ¿Deberemos cuidarlos cuando sean ancianos? ¿Nos llevaremos bien con ellos? ¿Se divorciarán? ¿Seremos hijos únicos? Las permutaciones de cómo afectan nuestros padres el curso de nuestras vidas pueden ser infinitas. Pero cuando un padre muere, pasa a ser uno de los elementos más importantes de todos.

El hecho de que nunca "superamos" realmente la muerte de un padre, sin importar cuándo o hace cuánto haya sucedido, me quedó muy claro a partir de una carta que me llegó de una mujer que había estado en uno de mis cruceros psíquicos:

Cuando dijo el nombre de mi madre, Anna, y me dio su mensaje, pensé que mi corazón dejaría de latir. Estaba tan completamente emocionada por haber escuchado su nombre y su mensaje (ambos tan precisos) que mis sentidos estaban perplejos. Deslumbrados podría ser una buena descripción.

Nunca había ido a una sesión espiritista, aunque siempre había creído en la vida después de la muerte. Tenía mucho miedo de ir. Probé muchas otras cosas, pero nunca una sesión espiritista. Creo que confiaba mucho en usted para poder entrar en esa sala.

Nunca en un millón de años hubiera esperado que mi madre, quien había muerto 70 años atrás cuando yo tenía 7 años y mi hermano dos, hiciera contacto conmigo a través de usted. Ella envió dos mensajes, y fueron tan correctos que aún sacuden mi cabeza del asombro.

Cuando volví a mi casa, no quería hablar con nadie, solo quería estar sola. No quería leer ni mirar televisión. Me acosté en mi cama y dejé que mi cuerpo absorbiera esta increíble experiencia.

Hasta ese día había creído que el nacimiento de mis hijos había sido la experiencia más intensa que había vivido, pero debo admitir que su don de ayudar a las personas a conectarse fue aún más especial.

Esta historia es particularmente conmovedora para mí porque valida muchos aspectos del programa para el alma. Muestra una vez más que nuestros seres amados están siempre con nosotros, sin importar hace cuánto se hayan ido. Nos muestra qué tan fuertemente permanecemos conectados con ellos. Y, hace que me pregunte, dada la intensidad de la reacción de la mujer ante tan demorada comunicación, de qué maneras había afectado la vida de esta mujer la temprana muerte de su madre. Por supuesto, no sé la respuesta. Pero estoy segura de que debe haber tenido un profundo impacto en el curso de su viaje.

Si nuestro padre vivió una buena vida hasta llegar a ser anciano, y si tuvimos su guía mientras crecimos hasta llegar a nuestra madurez, por supuesto que tendremos que realizar el duelo por esa pérdida, pero será muy diferente del duelo de una persona que pierde a un padre cuando aún él, ella o el padre aún son jóvenes. Esto parece ser particularmente cierto en aquellas mujeres que perdieron a sus madres siendo jóvenes.

Poco tiempo después del día de la madre, me estaba quedando en un hotel que entregaba copias de cortesía del USA Today a sus huéspedes, y leí un artículo cuyas oraciones iniciales llamaron mi atención de inmediato:

"Mi madre murió cuando yo tenía 12, mi hermana 2, y mi hermano 14", dice Patricia Walsh, "entonces me convertí en una especie de madre pequeña." Y eso fue suficiente. Walsh, de 67 años, que perdió a su madre hace más de medio siglo, comienza a llorar.

El artículo describía el encuentro de un grupo de apoyo para mujeres que habían perdido a sus madres, y citaba el libro de Hope Eldman, *Hijas sin madre: El legado de la pérdida*, en el que decía que "Las mujeres perdemos a nuestros padres o a nuestros hermanos, pero hay algo en la muerte de una madre que nos afecta de manera muy profunda. Hay un verdadero sentido de pérdida de una parte de nosotras. Hemos perdido el principal modelo de femineidad".

Cuando una mujer pierde a su madre antes de llegar a la madurez, siempre se pregunta qué tan diferente habría sido su vida si su madre hubiera vivido. Puede preocuparse por no estar segura sobre cómo criar a sus propios hijos. También puede no querer tenerlos por miedo a morir joven. Puede ser más resistente e independiente que las mujeres que tuvieron a sus madres en quienes apoyarse durante su juventud, pero también pueden estar menos seguras de sí mismas porque les faltó el modelo esencial de comportamiento "femenino". Sin embargo, independientemente de cual sea su reacción ante la pérdida, puede estar seguro que habrá impactado sus vidas en muchos niveles. Y si las mujeres que asistían al grupo de apoyo son normales, como creo que lo son, estas pérdidas habrán dejado un vacío que nada podrá llenar.

Sin embargo, lo mismo puede suceder cuando los hombres pierden a su padre. Recuerdo especialmente a un cliente cuyo padre había muerto cuando él tenía tan solo nueve años. Él había crecido sin un modelo para el casamiento y la paternidad, y de grande había trabajado mucho para ser un buen esposo y un buen padre para sus propios hijos. Cuando su esposa lo dejó y se llevó a sus hijos con ella, él inmediatamente se culpó a sí mismo. Pensaba que si su padre hubiera vivido, podría haber sido un mejor padre y esposo. Pero él era un buen padre y esposo, y cuando su propio padre vino durante nuestra sesión, confirmó que mi cliente se había convertido en exactamente el tipo de hombre que su padre hubiera querido que fuera. Puede imaginar el consuelo que sintió este hombre al saber esto, luego de haberse culpado por fallas que solo existían en su mente.

Para un niño pequeño, la pérdida de un padre puede impactar su vida de otras formas, como fue el caso de Iván, cuyo padre extremadamente conservador y religioso falleció cuando él era un adolescente. La madre de Iván debió criarlos a él y a su hermana con muy poco dinero y sin familia a quien recurrir. Se mudó con su familia de su pequeña comunidad religiosa a una gran ciudad con más oportunidades de trabajo. Trabajó duro para ganar su licencia como agente inmobiliaria, lo hizo muy bien, y les enseñó a sus hijos a ayudar con las tareas y a ser responsables por el aseo de la casa, la preparación de las comidas y lavar los platos. Pero Iván, quien recordaba haber sido tratado de manera muy diferente cuando su padre estaba vivo, creció con resentimiento por el hecho de que ya no era el "principito". En lugar de pensar que su madre se había esforzado mucho para darles a él y a su hermana una vida mejor, la culpaba por mostrarle una forma de vida más moderna e igualitaria. Así, dejó su casa, volvió a la comunidad religiosa y nunca la perdonó por haberle "robado" la vida para la que él pensaba que había sido destinado.

Puede experimentar la paternidad observando a las familias de sus amigos y cómo interactúan. Puede inclusive encontrar un padre sustituto que sirva como modelo a seguir. Pero no puede experimentar la paternidad de primera mano si ha perdido a su padre de pequeño, y, sin importar cuánto amor y apoyo encuentre en otros lugares, su pérdida seguramente tenga un efecto importante a medida que su vida avanza.

Ya hemos hablado en capítulos anteriores sobre las dos mujeres cuyas vidas se vieron impactadas de manera negativa por la pérdida de sus madres: la que no parecía no encontrar un hombre dispuesto a comprometerse en una relación duradera, y la que literalmente se cuidaba de los demás, sosteniendo sus manos en alto como defendiéndose ante un ataque. Estas mujeres sabían que algo estaba "mal", como nos sucede a todos cuando algo en nuestras vidas no ocurre de la manera esperada. Ellas, como todos nosotros, tenían una lección que aprender, que las ayudaría a poner sus almas en equilibrio.

Una forma de obtener ayuda cuando sabe que está saboteando constantemente sus oportunidades de felicidad es buscar una terapia tradicional, y de ninguna forma desanimo a quienes tengan algún dolor emocional a que lo hagan. Pero algunas veces, una madre espiritual puede ayudarnos a descubrir cosas sobre nosotros que nos ayuden a cambiar nuestro patrón vibratorio.

Hace no mucho tiempo, una mujer asistió a una conferencia mía y luego un seminario, y las conexiones que hizo con aquellos que estaban en esas sesiones cambiaron la dinámica de su complicada vida familiar en formas que nunca hubiera imaginado.

Kate había sido adoptada de bebé y, si bien sabía el verdadero nombre de su madre biológica y había hecho varios intentos por contactarla, nunca la había encontrado en vida. En la conferencia, su madre biológica vino y le dijo que siempre la había amado a ella y a su hermana, Sandy (a quien Kate no había conocido hasta que su madre murió), que estaba orgullosa de ellas y que estaba allí para ayudar a Kate en este momento de su vida. (Kate estaba pasando por un divorcio en ese momento) Kate contó que luego de esto, sintió que su trabajo era "reunir a la familia—tanto a la biológica como a la adoptiva."

Ella, subsecuentemente y de manera inesperada, asistió a una sesión espiritista a la que otro participante no asistió, y en esa ocasión se presentaron su padre y madre adoptivos, y también regresó su madre biológica. Kate preguntó si ellos le podían revelar su nombre original y el de su hermana. Los muertos dijeron que no, pero dijeron que habían tenido que "mover muchos hilos para que yo y mi hermana nos encontráramos". Mi hermana se sintió mal por no haber buscado antes a mi madre y así haberla conocido antes de su muerte. Yo siempre le dije a Sandy que no creía que nos hubiéramos encontrado mientras ella estaba viva, así como también sentía que ellos nos estaban ayudando. Ocurrieron tantas cosas espectaculares en la búsqueda de nuestra familia que estoy segura de que no lo logré sola y que me estaban ayudando.

Ahora Kate tiene un nuevo hombre en su vida, un hombre con ojos de diferente color, como su padre adoptivo, y que está en el mismo negocio que había estado él. Ella también recibe fuertes "pistas" sobre su nombre original en forma de rosas.

"Luego de la sesión espiritista, Janet [otra participante] y yo, nos íbamos a encontrar con un amigo de ella. Yo le estaba hablando sobre mi nombre, preguntándome si sería Rose, Rosi, o

*Lili. En mi información no identificadora está tachado, y me ha estado volviendo loca desde que lo vi. Parece terminar con una "i" y comenzar con L, P, R, B, D, F o K y tiene cuatro letras. Mientras me preguntaba en voz alta cuál habría sido mi nombre, olí un sorprendente aroma a rosas en el automóvil. Se lo mencioné a Janet y ella tamb*én pudo olerlo. *No había ningún aromatizante en el automóvil.*

En el camino de regreso, le contaba a Janet sobre un hombre que había conocido y que me había atraído mucho. Le conté que era muy apuesto, pero que no lo había notado al principio. Inicialmente me había atraído su forma de ser, ya que es un hombre amable y atento. Es el hombre que tiene ojos de diferente color. Él también trabaja en finanzas, como mi padre. Mientras hablaba de él, comencé a oler a rosas nuevamente. Se lo conté a Janet, y también lo pudo oler. Sentí que era una buena señal y que en breve tendría una relación amorosa con esta persona".

Para Kate, el hecho de ser adoptada era como si hubiera perdido a su madre al nacer. Ella había amado a sus padres adoptivos, pero el sentimiento de pérdida, casi el sentimiento de haber perdido una parte suya (su nombre, a su hermana y familia biológica) había estado siempre ahí, como parte de su viaje. En su caso, fue la muerte real de su madre biológica lo que le permitió reconectarse con esa pieza perdida, ya que su madre biológica y sus padres trabajaron juntos—nuevamente, es el equipo de arriba—para ayudarla a redescubrir lo que había perdido.

Ya sea que seamos conscientes de esto o no, la muerte siempre afecta nuestras relaciones con los vivos. En la situación de

Kate, fue la muerte la que reunió a su familia, pero este no siempre es el caso. Ya hemos visto esto en la historia de la mujer que tenía problemas con sus hermanos y fue a Italia para el Día de Acción de Gracias, pero existe otra historia que nos muestra los potenciales problemas aún con más énfasis:

Ruth fue clienta mía por años. Había sido muy cercana a su padre, quien se había suicidado cuando ella era una adolescente. Su hermano y su hermana, quienes tenían diez y quince años más que Ruth, dijeron que no había justificación para este acto, pero Ruth, la única hija que todavía vivía en esa casa en ese momento, comprendía cuánto había sufrido su padre, tanto física como emocionalmente, durante su larga enfermedad debilitante.

El padre de Ruth, un adinerado hombre de negocios, había dejado a su familia con una buena herencia. Ruth había recibido un gran fondo fiduciario, su hermano Brad había heredado el negocio, y su hermana mayor, Marian, quien estaba casada con un hombre rico, había recibido una suma sustancial, pero un tanto menor que la de Ruth. Su padre había dejado en claro en su testamento que le había dejado su rentable negocio a Brad bajo un acuerdo financiero específico, y que sentía que Marian estaría bien cuidada por su esposo. Sin embargo, los hermanos envidiaron la herencia mayor de Ruth.

En los años posteriores a su muerte, el padre de Ruth había tomado la costumbre de hablar con ella sobre el negocio para que ella le pudiera transmitir la información a Brad, que no creía en los muertos, y mucho menos en la capacidad de comunicarse con ellos. Y, luego de cada sesión, Ruth había reporta-

do con diligencia sus sugerencias a Brad, cuya única respuesta era: "Ahora es mi negocio y lo gestionaré como quiera".

Pero Brad no lo estaba "gestionando" muy bien. Había adquirido una gran deuda y el negocio ahora estaba sobre tierra no firme. Su padre estaba tratando de ayudarlo—como siempre hacen los muertos— pero Brad no le hacía caso. Como siempre digo, los vivos pueden ser muy tercos.

Mientras tanto, el matrimonio de Marian fallaba y ella se convencía cada día más de que Ruth había heredado más dinero que ella. Pero el padre de Ruth era un hombre muy sabio, que conocía perfectamente las personalidades de sus hijos, y sabía que Ruth sería quien cuidaría de su madre en caso de que fuera necesario.

La última vez que Ruth vino a verme, su madre había estado confinada a una silla de ruedas hacía dos años. Sus hijos mayores, quienes vivían en la misma ciudad, no tenían interés en asumir sus cuidados. Por eso Ruth debió cuidarla, por más que vivía en otro estado y tenía que viajar varias horas cada mes para pagar las facturas de su madre, cuidar el negocio y sortear los problemas que aparecieran. Para ese entonces, su hermana estaba divorciada y se había involucrado con un hombre que se las había arreglado para gastar todo el dinero que ella tenía. Brad había llevado el negocio a las ruinas y estaba en bancarrota.

Ciertamente, el padre de Ruth conocía bien a sus hijos y había repartido su dinero sabiamente. En nuestra última reunión, *cuando Ruth dijo que necesitaba contarle a su padre lo que estaba pasando y descargar un poco, le dije: "No te preocupes, tu padre lo sabe.* Él también sabía que *podía contar contigo para cuidar a tu madre. Puedes continuar diciéndoles a tus hermanos que ella también es su madre, pero nada cambiará. Has hecho de ti misma una persona de quien los demás pueden depender. Tal vez es por esto que tu vida es tan rica—bueno, puede ser frustrante, pero tambi*én es rica*—y la de ellos es un caos. Tu madre sabe que no puede confiar en ellos, no es tonta. Y, creo que no es novedad, pero ella te ama mucho".*

La muerte del padre de Ruth no cambió la forma de ser de sus hijos. Él sabía quién era quién y qué era qué lo suficientemente bien para hacer los mejores arreglos antes de morir. Pero su muerte trajo a la luz los resentimientos y fallas de sus hijos. Al comunicarse con él, Ruth pudo comprender que no se tenía que sentir culpable por su herencia o por el resentimiento de su hermana o su hermano. Su padre les había dado a todos una oportunidad para prosperar, tanto literal como espiritualmente, pero solo Ruth había aceptado su oferta. Ella estaba haciendo lo que sabía que debía hacer. Por otra parte, sus hermanos seguramente deban aprender la lección en otra vida. Y recuerde que nadie está siendo castigado aquí. Cada una de estas personas tuvo una oportunidad, y reaccionaron ante esta oportunidad según su libre albedrío.

Un padre fuerte, sabio y amoroso puede ser la viga que soporte una estructura que, de otra forma, sería inestable. O, como un cliente me escribió luego de que él y su esposa se conectaron con la madre de la esposa en una sesión telefónica conmigo:

"Ella era un vínculo fuerte, y la fuerza que mantuvo a la familia de mi esposa unida". Cuando esta viga se derrumba o el vínculo se rompe—o cuando ese padre fuerte muere—todo el edificio podría colapsar, lo que lo unía puede resquebrajarse y los sobrevivientes de la familia podrían descubrir que sus caminos repentinamente divergen o chocan, en lugar de encaminarse suavemente hacia el mismo lugar. Pero, como siempre, también hay una razón para esto. Tal vez tiempo era de que "vayamos solos". Tal vez la muerte de nuestro padre nos libera para descubrir algo sobre nosotros mismos que su carácter protector estaba reprimiendo o desanimando. Tal vez sea el momento de que maduremos, seamos más asertivos, o simplemente que creemos nuestro propio camino, sin intervención paternal.

Sin embargo, para poder lograrlo, debemos aprender a llegar a un acuerdo con la muerte. Si quedó algo pendiente entre el muerto y nosotros, nos será mucho más difícil continuar. Un mensaje reciente publicado en mi sitio web refleja cómo los asuntos pendientes pueden interferir con el curso de nuestro propio viaje:

Mi madre y mi padre fallecieron durante el último año. Mi madre y yo resolvimos nuestros asuntos y no siento estar pasando por un duelo, ni culpa alguna. Sé que ella está en paz, de la misma manera que lo estaba cuando estaba aquí. Frustrada y aún un poco bloqueada, sé que tengo mucho trabajo que hacer con respecto a la muerte de mi padre. Estoy perdida. Tengo 40 años y no he tenido una relación importante con una pareja, y siento que mis asuntos pendientes me están esclavizando.

Esta mujer realmente está "esclavizada" con sus propios sentimientos no resueltos, motivo por el cual suelo aconsejar a las personas que busquen una resolución mientras sus seres amados aún están en este plano—esto simplifica mucho las cosas. Pero, nuevamente, debo enfatizar que estos son nuestros sentimientos y no los de los muertos. Esta es una de las principales razones por las que muchas personas encuentran tanta paz con tan solo un contacto con el padre que haya fallecido.

Recientemente, una clienta mía describió este sentimiento con más elocuencia:

En vida, mi madre era muy tímida, tranquila, extremadamente devota y no se sentía cómoda con lo "sobrenatural". Me conmocionó mucho cuando mi madre fue "la primera que apareció". Suzane describió la personalidad de mi madre con mucha precisión, y los detalles que contó eliminaron todas las dudas que podía tener de si realmente se estaba contactando con mi madre. Mi madre habló sobre la distancia en la familia, mi padre, mis hijos. Ella le dijo a Suzane que mi hijo, quien solo tenía tres años cuando ella murió, la había visto dos veces después de su muerte. Mi hijo me había contado esto, y las palabras de Suzane lo confirmaron.

Cuando mi madre estaba agonizando, toda la familia estaba allí todos los días. Sin embargo, ella murió una noche cuando todos habíamos salido del hospital. Con los años, me sentí tremendamente culpable por no haber estado con ella cuando murió. Debería haberme quedado allí esa noche. No podía soportar la idea de que hubiera muerto sola.

Antes de que mi madre entrara en coma, ella remarcó que su padre ya fallecido la estaba esperando y que no lo podía hacer esperar más tiempo. Durante la sesión, Suzane dijo que mi madre quería que yo supiera que no murió sola, y que la persona que había visto antes de morir, había estado con ella durante su muerte. Mi madre le dijo a Suzane que era importante que supiera que no había muerto sola. El consuelo que esto me trajo fue tremendo. Ya no siento culpa, el peso ha sido liberado.

Si bien sé que nunca morimos solos, muchas personas sufren del tipo de culpa innecesaria que sintió esta mujer por no haber estado con su madre en el momento de la muerte. Muchas veces los muertos que vienen durante las sesiones o conferencias me piden que les asegure a sus seres amados que el hecho de no haber estado presentes en el momento de la muerte era "tal cual como debía haber sido". Pasamos de este plano al siguiente de la forma en que debe ser, y, como la madre de la historia anterior, nuestra alma sabe a menudo cuándo llegará ese momento.

Si los que estamos en este plano podemos creer y entendemos que todo ocurre por una razón, podremos dejar la culpa a un lado, así como las recriminaciones hacia nosotros mismos y otros sentimientos negativos que desequilibran nuestra alma, evitando así que operemos dentro de nuestro patrón vibratorio, y demoremos o arruinemos el aprendizaje que debíamos tener en esta vida.

capítulo nueve
padres y hermanos
~ la pérdida de un hijo ~

Perder a un padre, especialmente a una edad temprana es, sin duda, muy difícil, pero con los años he comprendido que no hay experiencia más devastadora en la vida de las personas que la pérdida de un hijo. Mientras que perder a un padre es parte del curso "natural" de nuestras vidas, perder a un hijo—de 4, 14 o 40 años—nunca parece "natural". Ocurre por una razón, es parte de nuestro viaje, pero probablemente es una de las lecciones más difíciles que debamos aprender.

Habiendo dicho esto, sin embargo, debo reiterar que cualquier persona que pierde un hijo ha elegido venir a este mundo como una persona que pasaría por esta experiencia. Existe una razón. Si usted es un padre, usted escogió a ese hijo. Su alma ha elegido su camino. Si es parte de su viaje, no le puedo decir el motivo por el cual su alma tomó esa decisión, pero sé que usted lo encontrará—si no es en este plano, seguramente será entre vidas.

establecer contacto puede ayudar

Para muchos padres, el simple hecho de poder establecer contacto con sus hijos en espíritu y tener la confirmación de que están bien y felices, y con otros miembros de la familia, es suficiente para ayudarlos a tener un poco de paz, inclusive en medio del duelo. Pero algunas veces, el hijo realmente puede—si el programa de límites lo permite—proporcionar información que los padres no habrían recibido de otra forma.

Recientemente—y sin coincidencias, durante el día de la madre—realicé una lectura para Virginia, una mujer que había perdido recientemente a Sally, la más pequeña de sus tres hijas, en un accidente de tránsito. Después de que varios parientes aparecieron, también llegó la madre de Virginia y dijo que Sally estaba con ella. Lo que sigue es una transcripción de lo que Virginia me envió de su sesión, junto con su explicación para los mensajes que yo estaba recibiendo.

SUZANE:

¿Sabemos cómo falleció? Veo signos de pregunta, lo que indicaría que no todas las piezas están en su lugar. Debo decirle esto, siento que quiere que sepa que lo que muchas personas dijeron sobre su muerte no era lo que deberían haber pensado. ¿Creían que había tomado su propia vida? Ella no murió

en un accidente, ¿cierto? No fue un accidente, ¿o sí? ¿Estaba conduciendo ella? ¿Hubo alguien más involucrado? No fue culpa de ella. Lo que entiendo aquí es que no conocemos todos los hechos. No sé qué se dijo en relación con el accidente, pero ella no siente no haber tenido toda la culpa. Creo, según lo que ella me está mostrando, que había alguien más involucrado en el accidente y que tuvo algún efecto en lo que ella chocó y lo que sucedió. No sé si estaba evitando algo o intentando evitar a alguien o a algo. La otra persona involucrada no dijo toda la verdad. Siento que no estamos diciendo la verdad aquí.

La verdad no la traerá de regreso, pero sí es algo importante para la familia. Seguramente hayan criado a sus hijos para decir la verdad o tener principios. Ella quiere fuertemente que su madre sepa que no hizo nada malo, eso es lo que me llega. Estoy obteniendo la reacción a una acción. Lo que vi fue algo que venía hacia ella que la distrajo o causó que se saliera del camino. Fue la acción de otra persona lo que provocó sus acciones.

VIRGINIA:

Sally se detuvo en una intersección en su nuevo Chevy Cavalier blanco, justo en el camino de un camión con acoplado. Ella estaba sola e iba hacia su trabajo, usando un camino de tierra para evitar la interestatal, que estaba congestionada. No estamos seguros de lo que sucedió. La mañana estaba gris. El conductor del camión era un joven de 19 años y conducía un camión camuflado. No hay testigos que indiquen si las lu-

ces estaban encendidas o no. No habían marcas de frenadas. Ella murió al instante. La mayoría de la gente que conocía el área del accidente pensaba que él seguramente no tenía las luces encendidas, pero nunca lo sabremos realmente.

En este caso, parecía que Sally quería que se supiera la verdad. La familia no estaba segura de la causa del accidente. Sally estaba diciendo algo diferente a lo que había dicho el conductor del camión y, como señaló su madre, nunca tendrían información sólida o pruebas de lo ocurrido en la ruta esa mañana. Sin embargo, puede ayudar pensar que, al menos desde el punto de vista de Sally, ella no tuvo la culpa. Y saber que estaba bien, tranquila y siguiendo su camino, seguramente también los ayudará.

Sally también le dio a su madre algo de información sobre su relación con sus hermanas, la cual reproduciré aquí.

SUZANE:

Hay algo muy importante con esta hermana. ¿Quién está luchando mucho? Ella habla de. . .capto. . .como algo inseparable. Siento que la otra lo sabe, pero no recibo nada antagonista en esto.

VIRGINIA:

Marcia [la hija del medio] sabía que Cindy [la mayor] y Sally se llevaban mejor entre ellas que con ella, pero las amaba de la misma forma. De cualquier forma, Sally era su "hermana pequeña" y especial.

Sally luego me entregó un mensaje que solo sus hermanas entenderían.

SUZANE:

Ella me va a dar algo. Siento que va a hablar de algo que ocurrió cuando era más pequeña—es algo divertido. Tiene algo que ver con la mantequilla de maní. Tiene que ver con sus hermanas, es por eso que me lo está entregando. Es como cuando eran niñas y hacían travesuras. Definitivamente tiene que ver con mantequilla de maní. Es su forma de querer que entiendan la conexión, más allá de usted.

VIRGINIA:

Cindy y Marcia dicen que cuando nosotros salíamos, solían buscar en la cocina y comer cucharadas de mantequilla de maní, algunas veces con chocolate Hershey en la cuchara para hacerlo más rico.

Sin embargo, finalmente, hubo un regalo especial de Sally para su mamá.

SUZANE:

Quiero decirle una última cosa. Su hija quiere que sepa que hizo todo lo posible para que usted asista a esta cita hoy, y que fuera suya únicamente, por más que sus dos hermanas hubieran planeado acompañarla en un principio. Ella dijo: "Tuve que tocar algunas puertas importantes".

Ya sabe, le dije a la madre, yo no planeaba trabajar esta semana.

No sé por qué estaba Sally en ese auto ese día, pero tuve la sensación, durante mi sesión con su madre, de que su alma sentía que no estaría más en este plano.

SUZANE:

Esto puede sonar extraño. ¿Habló alguna vez Sally de vivir una vida corta? Creo que pensaba mucho en eso, como si hubiera vivido diez vidas en la corta vida que tuvo aquí.

Su madre me confirmó que su hija siempre había parecido una "alma vieja" y que, cuando tenía tan solo diez años, escribía poesía sobre el final de su vida. Estaba muy triste por la tragedia del World Trade Center y, poco tiempo después de esto, escribió el siguiente poema, unas pocas semanas antes de su propia muerte.

¿Existe alguna razón para este caos, o el caos define la razón?
¿Existe alguna verdad detrás de tus palabras o has olvidado el significado?
¿Miraste a tu alrededor hoy y subestimaste todo?
¿Olvidaste agradecer a Dios por estar aquí?

Estás parado,
¿Pero es sobre tierra firme?
Porque si buscas en tu alma, entonces es tiempo de
Dejar que el mundo sepa lo que has encontrado
El mañana no es una promesa, y todo lo que tienes es este momento
Y si no lo tomas y te aferras a él, nunca será tuyo
Mis palabras no tienen sentido si mis acciones no las acompañan
Y quien no triunfa es quien nunca intentó.
Solo me busco con sinceridad cuando estoy en mi propia debilidad
Y al notar el vacío obtengo el coraje para buscar
¿Invierto tontamente mi espíritu si sé que ellos no pueden escucharlo?
Aquellos que temen nunca verán los sueños que veo,
Y solo aquel por quien me pinté la cara sabía del actor que vivía en mí
Quien eres hoy es resultado del precio pagado por lo que querías
Entonces deja de pagar ese precio porque nunca podrás pagar lo suficiente para dejar de soñar
De sentir y de amarte a ti mismo.

Las palabras que escribió podrían ser, ciertamente, consecuencia de su reacción ante una terrible tragedia internacional y la cantidad de pérdidas de vidas, pero también podrían interpretarse como un indicio de que ella, consciente o inconscientemente, sentía que su vida sería breve. ¿Tenía una premonición de lo que le ocurriría? No puedo saberlo con certeza, pero algunas veces las almas lo saben.

No todos los hijos en espíritu son tan comunicativos como Sally (del mismo modo que ocurre en vida). Tal vez debido a que su muerte fue tan repentina y a que su familia no tuvo oportunidad de llegar a un cierre o a una explicación, ella sintió que debía dar una explicación. La mayoría de los hijos jóvenes o gente joven como Sally, que han tenido buena comunicación estando aquí, suelen ser más expresivos cuando vienen a mí. Como era de esperar, la madre parecía feliz de saber que ni el espíritu exuberante de Sally ni su personalidad amorosa habían cambiado, y que todavía estaba muy conectada con sus seres amados en este plano.

encontrando solaz en la comunicación continua

Si bien es cierto que el trabajo de los muertos suele ser hacernos saber que están bien para que podamos estar bien con el hecho de su partida, muy a menudo, cuando es un hijo quien muere, la comunicación continúa simplemente porque el hijo comprende que el o los padres necesitan mantener esta conexión constante.

Dos asistentes a una sesión espiritista reciente habían perdido a un hijo en un accidente de tránsito hacía tres años. Después de la sesión, el padre escribió lo siguiente sobre su experiencia:

Hemos tenido varias lecturas exitosas desde la pérdida de nuestro hijo, Adam. Debo decir que antes de estas lecturas, no creía en estas cosas. Solo lo hice por mi esposa, quien estaba pasando un muy mal momento luego de la muerte de Adam. Hubiera hecho cualquier cosa para ayudarla. Nunca habíamos participado de sesiones para grupos pequeños y estábamos nerviosos. Nos preocupaba que, al ya haber sido bendecidos escuchando de Adam, podríamos quedar al final de la fila, por decirlo de alguna forma. Muchos nos han preguntado por qué seguíamos yendo con una médium si ya sabíamos que Adam estaba bien. Mi respuesta es: si hablé con mi hijo por teléfono hace tres meses, ¿no querría volver a hablar con él en algún momento? De hecho, después de todo, de eso se trata—una conversación con nuestro maravilloso hijo, Adam.

Suzane no solo fue precisa con la información, sino que describió su personalidad tal y como era. Hizo mención de que Adam tenía el don de la conversación, era muy despierto, quería ser el centro y llamar la atención y, que era bastante hablador. Era una descripción perfecta de Adam.

Disfrutamos inmensamente de nuestro encuentro con Suzane y animamos a cualquiera que haya sufrido una pérdida importante en su vida a reunirse con ella para llegar a un cierre. Todos necesitamos saber que nuestro ser amado está bien y que nos estará esperando cuando hayamos terminado aquí.

Adam era, obviamente, un gran comunicador, pero además de su charla, creo que sabía que sus padres—y especialmente su madre—necesitaban mantener la comunicación, por lo que él continuaría validando su conexión continua. Y, de hecho, regresaron para una sesión grupal un tiempo más tarde.

Habían pasado 40 minutos del comienzo de la sesión, y nada. Esta era nuestra décimo primera sesión desde la muerte de Adam y no solo había venido siempre, sino que generalmente dominaba las sesiones. Luego tuvimos nuestro encuentro normal con mi abuelo, quien había incrementado el tiempo en cada sesión. Había sido él o el padre de mi esposa (en sesiones previas) quien había presentado a Adam—como cuando Ed McMahon presenta a Johnny Carson. Había llegado el momento que tanto habíamos esperado. Suzane nos dijo: "Hay un niño con él, ¿es su hijo?".

Luego comenzó a darnos información sobre eventos recientes. Según aprendimos, esta es la forma que tienen de hacernos saber que aún están con nosotros. Dijo que Adam le contaba sobre la fiesta del día anterior y le mostraba una cascada.

Habíamos tenido una fiesta en la piscina el día anterior, donde todos nadamos y nos tendimos cerca de la cascada en la piscina. Suzane preguntó quién se había cortado un dedo recientemente. Le explicamos que Jason, el mejor amigo de Adam, se había cortado el dedo con una sierra en el trabajo. Ella dijo que este joven había pasado un momento muy duro por la muerte de Adam. Luego preguntó: "¿Quién es Mike?" Mike es el padre del mejor amigo de Adam. Y nos dijo que Adam era muy allegado a este hombre, lo cual era cierto. Hablamos con Jason al día siguiente y le contamos lo que

Adam había dicho, y nos contó cuánto significaba para él eso, ya que había pasado momentos muy difíciles en las últimas semanas.

Con estos eventos recientes y los nombres que surgieron, nuevamente nos fuimos con la sensación de que Adam estaba bien, y es todo lo que queríamos saber. Si usted es un padre que sufre la pérdida de un hijo, tal vez no sea suficiente con saber que su hijo está bien, pero al menos le dará la paz que necesita.

En estas dos cartas, los padres de Adam validaron mucho de lo que sé sobre la continuidad de los vínculos, la comunicación constante y el tipo de reafirmación que puede hacer una gran diferencia para los padres que pierden a sus hijos.

siempre serán familia

Una consecuencia dolorosa innecesaria de perder a un hijo—y sobre la que he oído muchas veces—es el hecho de que, cuando un hijo muere, la familia pierde gran parte de su potencial sistema de soporte. Cuando necesitan el consuelo de estar rodeados de amigos y familia, se encuentran aislados en su propio duelo.

La gente no se aleja porque no tenga compasión. Por el contrario, suele ser porque, al estar tan sobrecargados por la grandeza de la pérdida, no saben qué decir o tienen el sentimiento irracional de que si están tan cerca de las personas que han experimentado tal tragedia podrían ser más vulnerables. En consecuencia, simplemente se alejan de la familia, lo que implica que no deberán decir nada y tal vez la "mala suerte" no les llegue a ellos. Más de una clienta me ha dicho que ve mujeres conocidas escabulléndose de su vista cuando se cruzan en el supermercado. No puedo imaginar lo difícil que debe ser esto—primero perder a un hijo y luego a todas las personas que uno esperaría que estuvieran cerca en los peores momentos. No creo que estas personas tan tontas, aunque probablemente bien intencionadas, se den cuenta de que realmente están contribuyendo a aumentar el duelo y a hacerlo más difícil aún.

Pero tal vez lo más difícil sea el hecho de que las personas que no se alejan parecen evitar hablar del hijo muerto— como si ya no fuera parte de la familia. Los padres, casi invariablemente, quieren hablar de su hijo, porque siempre será parte de la familia y necesitan sentir que esta relación continúa. El hijo tampoco quiere ser olvidado. Sabe que aún está conectado a ellos, por lo que quiere que esta conexión se conozca.

En su libro reciente, *El amor nunca muere*, de Sandy Goodman, ella comenta sobre cómo ha aprendido a asegurar que Jason, su hijo, siempre será parte de su vida y de la vida de su familia, y habla sobre cuán importante es esto para los padres que pasan por este tipo de duelo, y sobre cómo pueden ayudar los amigos y otros seres amados. Mi experiencia personal con clientes y amigos solo confirma la verdad de las declaraciones de su libro.

La necesidad de mantener vivo este amor es una de las razones por las que unirse a grupos como Compassionate Friends puede ser de gran ayuda para aquellos que han perdido hijos. Al menos los demás miembros del grupo comprenderán cómo se sienten y, más importante aún, estarán dispuestos también a compartir sus propios sentimientos. Si está leyendo esto, y conoce a alguien que ha perdido a un hijo, espero que ahora comprenda mejor cómo puede ayudar, y cómo sus acciones o su falta de acción pueden empeorar, aunque sin intención, el duelo. Lo mismo es cierto para aquellos que han perdido a sus esposas y notan que sus amigos, quienes siempre pensaron en ellos como una pareja, ahora se alejan del viudo o viuda en duelo, justo cuando él o ella más los necesitan.

el hijo favorito, el hijo de reemplazo... ¿qué sucede con los hermanos?

Cuando hay más de un hijo, los padres deben considerar las necesidades de los hijos que viven, inclusive en el medio de un duelo. Algunas veces los padres se acercan más al hijo o los hijos sobrevivientes, y pasan por la pérdida juntos. Eso fue lo que le sucedió a Marilyn:

Mi historia comenzó [hace casi tres años] cuando perdí a la persona más preciada de mi vida, mi hermoso hijo, Charlie. Charlie era muy tranquilo, y la persona más amable y dulce que jamás haya conocido. Era mellizo idéntico de Mark.

Escuché sobre sus seminarios y le pregunté a Mark si quería asistir, para ver si Charlie nos entregaba algún mensaje. Teníamos miedo de que no viniera por su extrema timidez. Esa tarde, cuando comenzó a hablar sobre un joven, supe que estaba hablando sobre mi Charlie. Cuando comenzó a decir que Charlie estaba con dos niños, todo dejó de tener sentido, pero luego los describió, y eran los jóvenes que estaban enterrados en el mismo cementerio que Charlie. Cuando dijo que uno tenía un sombrero, no podía creer lo que estaba escuchando. El niño del que estaba hablando tenía una gorra de béisbol en su lápida. Luego mencionó leucemia y yo dije que Charlie no había muerto así, pero usted dijo que estaba hablando del otro niño.

Me llenó de paz saber que estaba con niños de su misma edad. Camino a casa le dije a Mark que nosotros no hacíamos más que llorar y que Mark estaba disfrutando con amigos. Eso nos hizo reír.

Quiero agradecerle por todo lo que ha hecho por Mark y por mí. Pensamos todos los días en Charlie. La visita con usted me hizo creer que él está feliz, aunque antes no creía que estuviera bien sin su hermano y sin mí. No significa que ya no me duela el corazón por su partida, pero cuando me siento en la tumba de Charlie, recuerdo fervientemente nuestro encuentro de esa tarde.

Marilyn y Mark estaban claramente unidos en el duelo, y pudieron apoyarse mutuamente por la pérdida. Cuando piensa cuán difícil debe ser perder a un hermano mellizo en comparación con un hermano cualquiera, es mucho más fácil comprender que para Mark hubiera sido mucho más complicado sin la ayuda de su madre. Pero aun así, cuando recibí la carta de Marilyn, no pude evitar notar las palabras "Perdí a la persona más preciada de mi vida". ¿Eso significaba que Mark era menos preciado que su mellizo idéntico, Charlie? ¿Cómo se sentiría Mark si supiera de estos sentimientos o si hubiera leído la carta?

No puedo recordar cuán a menudo los padres me dicen que es su hijo favorito quien muere. No importa si era el mayor, el menor, o el del medio, siempre es el favorito. La gente me ha preguntado si creo que realmente era el favorito o si creo que era el favorito porque él o ella han muerto. Estoy segura de que existe alguna validación psicológica para la idea de que lo que uno pierde parece ser lo más preciado, simplemente porque ya no está más. De hecho, siempre perdemos nuestro par de aros favoritos, u olvidamos nuestro paraguas favorito en el restaurante. Pero en este caso, creo que estas personas son absolutamente sinceras y honestas cuando me dicen que el dolor por sus pérdidas es tan fuerte porque es el hijo favorito quien se fue.

Cuando muere un hijo único, el duelo de los padres puede ser el más duro de todos. Pero cuando un hijo muere dejando hermanos—especialmente cuando los padres dejan en claro que el que murió era el favorito—la pérdida tendrá efectos graves en los hijos sobrevivientes, y en la dinámica de la familia. ¿Se sentirán culpables los hermanos por haber sobrevivido? ¿Estarán enojados con sus padres por amarlos menos? ¿Se sentirán descuidados porque sus padres están muy involucrados en su propio proceso de duelo? ¿Sentirán que deben compensar a sus padres por quien se fue? Sé que siempre siento lástima por aquellos que quedan aquí.

Independientemente de sus reacciones, habrá lecciones para aprender, la trayectoria del viaje de cada uno de los miembros de la familia se verá alterada, y cada uno tendrá una curva de aprendizaje diferente como resultado de la muerte de ese hijo.

Parece ser que algunas veces no hay nada que ayude a los padres a cerrar el duelo más que el reemplazo del hijo que se ha ido. Hablé en el capítulo dos sobre una mujer que descubrió, luego de haber dado a luz a mellizos, que su propia madre también había tenido mellizos y que éstos habían muerto. Y ya dije también que ella creía que sus mellizos habían nacido para reemplazar a aquellos que su madre había perdido, para así ayudarla a llegar a término con el duelo que nunca había reconocido, mucho menos superado.

Es común que los padres que han perdido a un hijo me digan que creen que otro hijo, nacido luego de la muerte del primero, es su primer hijo volviendo a ellos. Conozco personalmente a una mujer cuya hija fue asesinada en un accidente de tránsito a los 17 años. Había sido la primera hija de la mujer, y había nacido cuando ella tenía 17 años. En efecto, crecieron juntas, y eran muy unidas. Para ella, esta pérdida fue trágica incluso cuando tenía dos hijos más de su primer matrimonio.

Esta mujer se divorció, se volvió a casar y tuvo otro hijo con su segundo esposo, y en ese momento le dijeron que si tenía otro hijo, seguramente moriría en el parto. Sin importarle esto, quiso tener otra hija, y ahora cree que es su primera hija que regresó a ella, como un regalo. Y fue solo luego de tener a esta segunda hija—poniendo en riesgo su propia vida— que se sintió en paz. Ella creía que debía ser así, que el círculo había sido cerrado y que finalmente podría aceptar no tener más hijos.

Creo que cada alma tiene formas de "saber" que están más allá de las capacidades de la mente, y sé que las leyes del karma aseguran que lo que recibimos tiene relación con lo que damos. Y así, tal vez, si hemos completado el aprendizaje que la pérdida debía enseñarnos, "recibiremos" lo que nuestra alma más necesita—incluso el reemplazo de aquello que hemos perdido.

Perder a un hijo siempre produce cambios radicales en la forma en la que vivimos. Crea una nueva dinámica entre los padres, entre los padres y sus hijos vivos, y entre la familia en su totalidad y cualquiera que ingrese a ese círculo. La difícil tarea del duelo se puede ver afectada si sabemos que aún estamos conectados con el hijo que ha fallecido. Y es, posiblemente, la "señal" más dramática que cualquiera puede recibir sobre el programa para el alma que ha decidido seguir.

Si cree que nadie elegiría venir a este mundo como alguien que sufriría la pérdida de un hijo, por favor, comprenda que usted elige las circunstancias de su nacimiento, su hijo elige a sus padres y existen razones para ambas elecciones que su alma comprende, inclusive cuando usted, de manera consciente, no lo pueda comprender. Todo ocurre por una razón.

capítulo diez
esposos, amigos...
y también mascotas

Todos necesitamos encontrar el amor en nuestras vidas, ya sea en la familia en la que elegimos nacer o a través de las relaciones que formamos durante nuestro viaje por esta vida. Una vez que crecemos y comenzamos a alejarnos de nuestra familia natal, o cuando nuestra familia ya no está con nosotros en este plano, comenzamos a crear otras familias, tanto literal como metafóricamente, nuestras. La razón es que necesitamos de este tipo de conexión e interacción para la evolución de nuestro programa para el alma.

Ciertamente, nuestro esposo y los hijos que podamos tener con esa persona se convierten en nuestras relaciones más literales, nucleares y cercanas cuando somos adultos. Pero particularmente en el mundo moderno, donde tantas personas se alejan de sus hogares sin casarse, o donde no todos permanecen casados, los amigos pueden ser más cercanos y amorosos que los propios parientes sanguíneos, y pueden convertirse en "familia" para un gran número de personas. Y también está el amor que damos y recibimos de nuestras mascotas, el cual puede ser (y ha sido en mi caso) el amor más incondicional y puro de todos.

Cuando perdemos alguna de estas relaciones de amor, nos afecta en toda la trayectoria de nuestra vida. Necesitamos hacer el duelo y encontrar un cierre para estas pérdidas de la misma forma que hacemos cuando perdemos a un padre, un hijo o un hermano.

perdiendo a una esposo

El tipo de duelo que experimentamos al perder a un esposo depende, como en toda pérdida, de cómo y cuándo fallece la persona.

Si hemos crecido juntos, nuestros caminos habrán estado unidos durante muchos años, posiblemente durante toda nuestra vida adulta, y la pérdida de un compañero así puede ser tanto desorientadora como devastadora. ¿Cuántas veces escuchamos que el esposo sobreviviente de un matrimonio de toda la vida muere poco tiempo después que su esposa? ¿Y cuántas veces escuchamos a los amigos y parientes decir cosas como: "Y sí, después que Joe murió ella ya no quería vivir"? Creo que en estos casos, no solo sus vidas físicas estaban unidas, sino que también lo estaban los caminos de sus almas. Esa alma necesitaba seguir a su compañero desde este plano al siguiente. Puede que permanezcan juntos o no, y regresen juntos a la nueva existencia física, pero evidentemente debían resolver algo juntos entre vidas.

Sin embargo, algunas veces pasan muchos años luego de la muerte de un esposo y el otro aún continúa en este plano. El sobreviviente puede tener preguntas sin respuesta sobre si aún es recordado, si se volverán a reunir, o si el esposo que murió antes aún amará al que sobrevive, por más que su cuerpo físico haya envejecido. Así lo describió un caballero cuando tuvo una sesión conmigo:

Durante varios días antes de la sesión, hablé con mi esposa en meditación sobre mi vida después de su muerte, y sobre todos mis miedos sobre el futuro, ya sea corto o largo. Mi mayor miedo era saber si realmente volveríamos a estar juntos, pero también me preocupaba que mi hermosa mujer hubiera fallecido a los 46 años y que yo ahora tuviera 64. ¿Tendría consecuencias en el más allá esta diferencia? No puedo explicarle cuántas veces, antes de la sesión, le pregunté estas tres cosas a ella:

¿Aún me amaba? ¿Estaríamos juntos otra vez? Si es así, ¿cuándo?

Recibí una energía validadora de su parte durante la sesión, y eso me hizo feliz, aunque todo lo que recibí fue que ella quería que fuera feliz el tiempo que me quedaba en la tierra. La sesión continuó un poco más, pero no me fue revelado lo que yo quería saber. Luego, cuando la sesión llegó a su fin y estaba juntando mis pertenencias, Suzane me dijo una cosa más. Dijo: "Su esposa quiere que sepa que lo ama y que estarán juntos muy pronto, pero no mañana." ¡La respuesta exacta a mis tres preguntas! Ahora estoy "bien para seguir" Ya no necesito más validaciones del otro lado. He renovado la esperanza de saber que mi esposa estará siempre a mi lado.

Lo interesante sobre este hombre era que había venido a verme sin estar seguro de si creía en todo esto de hablar con los muertos. Más tarde descubrí, y por lo que contó de su experiencia, que estaba por irse sin estar seguro de lo que había sucedido hasta que regresé y le entregué el mensaje final, donde escuchó la respuesta a sus tres preguntas. Muchas personas quieren obtener los mensajes de la forma en la que los esperan. De no ser así, dudan de si creen, o de si están dispuestos a creer. En algunos casos, como el de arriba, la muerta conocía a su esposo y tomó la decisión de responderle, ya que era lo que él necesitaba. Los muertos nos aman, y harán todo lo que puedan para ayudarnos mediante el vínculo de amor que tenemos con ellos. Esta es la principal razón por la que permanecen conectados.

Pero, ¿qué ocurre con aquellos que pierden a sus esposos cuando ambos son jóvenes—por accidente, enfermedad o un desastre no esperado? Siempre hay un programa y una razón en estos casos, y debemos saber que no solo afectará la vida del esposo sobreviviente sino también la de toda la familia. Nuevamente, fue Lisa Beamer, esposa de Todd Beamer, quien murió intentando derrotar a los secuestradores del Vuelo 93, quien dijo: "Algunas personas viven sus vidas enteras, largas vidas, sin dejar a nadie atrás. A mis hijos siempre les dirán que su padre fue un héroe y que salvó muchas vidas. Es un gran legado que un padre puede dejarles a sus hijos." Crecer sin un padre ciertamente debe haber afectado las vidas de estos niños, pero seguramente aprendan una gran lección como resultado de su muerte. Todo tiene una razón.

No todos los que mueren jóvenes son héroes, pero todos dejan un legado en forma de lecciones que el esposo o esposa e hijos sobrevivientes aprenderán como resultado de la muerte. Piense en la cantidad de mujeres jóvenes que dieron a luz luego de que sus esposos habían muerto en el World Trade Center, o en las mujeres cuyos esposos van a la guerra y nunca conocen a sus hijos. Ciertamente, las vidas de estas mujeres serán muy diferentes de las que esperaban, y de cómo habría sido si hubieran compartido la crianza de sus hijos con un padre amoroso. ¿Y qué sucede con los niños? Ellos también tendrán un legado—sus vidas estaban determinadas por la muerte inclusive antes de que ellos nacieran.

Siempre hay una razón, inclusive cuando no siempre está clara. Esas mujeres obviamente perdieron algo muy importante, pero tal vez se vuelvan más fuertes y más independientes a causa de esto. Tal vez encuentren oportunidades de crecimiento que no habrían descubierto si hubieran tenido un hombre en quien reposar. Los niños también han elegido ser parte de una familia con un solo padre. Tal vez desarrollen un sentido de compasión y cuidado que su alma necesita para crecer. Tal vez la razón era que debían aprender a lidiar con la adversidad. Y tal vez no aprendan la lección que debían aprender, y de ser así, puede que deban continuar el proceso de aprendizaje entre vidas, o tal vez en la siguiente.

Pero no siempre es el esposo joven quien muere. Los hombres jóvenes también pierden a sus esposas—si no es en la guerra, puede ser por accidente o enfermedad, o inclusive en un parto. Perder a una esposa en un accidente repentino puede hacer que el sobreviviente tome consciencia de su propia vulnerabilidad—algo en lo que muchos hombres jóvenes no piensan. O, ver a una adorable mujer joven sucumbiendo ante una enfermedad debilitante puede despertar la compasión que puede haber estado dormida por años. También existen varios desafíos al perder a una esposa en un parto. ¿Culpará el padre al hijo por la muerte de su esposa, o lo adorará más como legado de su esposa? ¿Sentirá culpa el niño por haber causado la muerte de su madre? ¿Encontrará la forma de perdonarse por esa culpa?

Como siempre, nuestras reacciones a lo que nos sucede mientras seguimos la huella de nuestro programa, determinan el camino final de nuestro viaje, y no existen dos caminos exactamente iguales, por más similitudes que tengan.

Sin embargo, todos los esposos sobrevivientes necesitan saber que sus seres amados no los han dejado solos, sin la ayuda del "equipo de arriba". Su amor continúa, lo que significa que su preocupación por la felicidad y el éxito futuros de los hijos y esposo sobreviviente también continúa. Y, dentro de los límites del programa de límites, seguirán involucrados en esas vidas. Esto siempre es así, por más que hayan muerto muy jóvenes o muy ancianos, que haya sido luego de una larga vida o de una vida corta juntos, y por más que haya muerto por alguna enfermedad, por accidente o cualquier otra causa. Y el simple hecho de saber esto puede ayudar al sobreviviente a aliviar la carga que tiene sobre sus hombros, y avanzar en el resto de la vida en este plano.

Aquí le dejo una historia que tocó mi corazón:

Mi esposo tenía una chaqueta favorita, y la amaba tanto que la usó hasta que, literalmente, se rompió en pedazos. Luego de su muerte, aproximadamente diez meses después, decidí que quería arreglar y rearmar la chaqueta. Era la chaqueta de un personaje de una serie de televisión, por lo tanto, era algo valioso por haber pertenecido a una celebridad, y no quería que cualquiera la arreglara. Le pregunté a una diseñadora de ropa que conocía si tenía algún sastre que la pudiera reparar. Me prometió que luciría como nueva cuando terminaran de arreglarla.

Pasaron un par de meses y olvidé por completo el asunto.

Hoy es 13 de enero de 2002 y mañana es el cumpleaños número dos de mi hijo. Será su primer cumpleaños sin su padre. Estuve bien todo ese día, y hasta le organicé una fiesta para su cumpleaños. Vinieron muchos amigos a la casa pero, para al final del día yo no podía dejar de pensar que en la fiesta faltaba una persona muy importante para él, su padre.

Al día siguiente, el 14 de enero, mi hijo cumplió, oficialmente, dos años. Luego de que lo dejé, conduje hacia mi trabajo, y me puse a pensar en la chaqueta. Pensé que sería buena idea recuperar la chaqueta y dársela a mi hijo como regalo de su papá. Dejé de lado la idea, y continué camino a mi trabajo.

Mientras estaba tomando mi café esa mañana, escuché que alguien me llamaba desde lejos. Giré y vi a la diseñadora de ropa caminando hacia mí, con un porta trajes. Por supuesto, lo que sacó de allí fue la chaqueta, en tan buen estado como si estuviera nueva. ¡Qué bello regalo para mi hijo de parte de su padre el día exacto de su cumpleaños!

Algunas veces, una única validación puede ser suficiente para cambiar la forma de pensar del sobreviviente con respecto a su pérdida. Aquí le dejo lo que una clienta escribió sobre su experiencia en una sesión espiritista:

Escuché un rato, y luego Suzane dijo: "hay un hombre que señala la parte superior de su cabeza. . . puede ser calvo, o se está cubriendo con un sombrero, no lo sé. . . pero me está mostrando la parte superior de su cabeza, no sé por qué. . .¿con quién está conectado Frank?" ¡No lo podía creer! Mi esposo, Frank, había pasado por una cirugía de cerebro antes de morir que le había dejado una gran cicatriz en la parte superior de su cabeza. Esta cirugía había sido el comienzo del fin para él. Ella dijo más, pero esas palabras quedaron dando vueltas en mi mente una y otra vez (las grabé). Aún estoy conmocionada, y cada vez que escucho "¿con quién está conectado Frank?" tengo esta sensación que no puedo explicar. Pero es una sensación buena, y desde que Frank falleció, no he tenido muchas de esas.

Recientemente, una viuda me explicó cuánto había significado para ella recibir un mensaje de su amado esposo:

Durante mi sesión privada con Suzane, ella contactó a mi esposo y describió su extrovertida personalidad. Describió nuestra buena y corta vida juntos. Ella lo vio vistiendo un uniforme azul (era piloto). Él le dijo que yo debía cobrar algo de dinero de su muerte (recibo beneficios mensuales de su fondo de jubilación que no conocía antes de su muerte). También le dijo que era el responsable de haber enviado una multitud de amigos y gente para ayudarme en el duelo; que yo había estado muy ocupada y nunca había estado en mi casa. Ella vio que recientemente me había mudado y que él estaba feliz por eso. Describió con precisión cómo se había enfermado él, y que luego por un momento había mejorado, para luego recaer fuertemente, y cómo en el último tiempo él había sentido miedo y había sabido que no saldría del hospital. Habló de un anillo especial con una piedra—ni un diamante ni un anillo de casamiento (él me acababa de regalar un anillo de topacio azul).

Antes de esa sesión, había asistido a una reunión grupal. Cada uno de nosotros debía sacar de un sombrero el nombre de una persona que otro quería contactar. Una mujer eligió el nombre de mi marido y sin dudarlo, me explicó que la había contactado, diciendo que su esposa estaba ahí y que su muerte había sido muy dura para ella. Él profesó su amor por mí—cosa que necesitaba escuchar desesperadamente.

Creo que es importante notar que el primer mensaje que esta mujer obtuvo de su esposo fue simplemente que aún la amaba, y ella pudo reconocer que esto era lo más importante que necesitaba escuchar. Pero para mí, su aprendizaje en nuestra sesión privada de que él le había enviado un "equipo de soporte" para ayudarla en el proceso de duelo nuevamente valida el hecho de que los muertos no solo siguen amándonos, sino que también siguen involucrados, de manera activa, en nuestras vidas. Nuevamente, quiero enfatizar cuán importante puede ser para quienes pasan por un momento de duelo, este tipo de apoyo.

Cuando una persona mayor queda viuda, muchos de sus amigos probablemente ya hayan fallecido también, y sus hijos, ya grandes, por más que se preocupen, probablemente vivan lejos. Pero cuando un esposo joven muere, la soledad que sigue a esa pérdida puede ser muy grande. Las parejas del círculo de quien ha fallecido ya no querrán o no sabrán cómo interactuar con el sobreviviente ahora soltero. Y las mujeres suelen tener miedo de que las viudas jóvenes (como el proverbial "divorciado gay") esté en la búsqueda de otro marido—posiblemente el de ellas. Dado que suelen ser las mujeres quienes se encargan de los eventos sociales de la pareja, la viuda joven suele quedar afuera de los planes de las demás parejas. Por alguna razón, esto suele ser mucho más real en el mundo heterosexual que en la comunidad gay, que naturalmente apoya y brinda soporte a quien perdió a su compañero. Sospecho que esto puede deberse a que han perdido tanto como grupo que han desarrollado una profunda compasión que no parece pertenecer al mundo de las relaciones tradicionales. También he visto esta dinámica de "solidaridad" en otras comunidades basadas en la cultura y el etnicismo. Todo depende de cómo ha sido nutrida esa población en particular.

Sin embargo, en el caso de mi clienta, la pensión de Frank la estaba ayudando con sus necesidades prácticas y económicas, pero él también se había encargado de ayudarla con sus necesidades emocionales. Y él estaba feliz porque ella estaba ocupada y, aparentemente, aprendiendo a continuar. Si ella no hubiera tomado conciencia de su continuo amor y guía, probablemente no hubiera podido hacerlo tan bien.

cuando perdemos a un amigo

Dar y recibir amor, sentirse amado, saber que existen personas que realmente se preocupan por nosotros—estos sentimientos son esenciales para las vidas de todos. Aprender sobre el amor es una de las principales razones por las que estamos aquí.

Algunas veces no recibimos amor de las fuentes más tradicionales—padres, esposos, hijos. Algunos no nos casamos, nos vamos de nuestras casas y nunca tenemos hijos—y, si esto nos sucede, debemos crear una familia del corazón como podamos. Encontramos amigos con quienes vincularnos fuertemente y, efectivamente, se vuelven nuestra familia. O, incluso si tenemos una familia, podemos no ser tan allegados a ellos—física o emocionalmente—como para compartir nuestros pensamientos más profundos y nuestros sentimientos reales. Algunas veces compartimos esto con mayor facilidad con nuestros amigos. Debido a esta cercanía—una cercanía que nosotros elegimos—la pérdida de un amigo puede dejar un hueco profundo en nuestras vidas, del mismo modo que sucede en los casos de pérdida de un miembro de la familia.

Aún me asombra la cantidad de personas que vienen a mis sesiones, seminarios y conferencias que se sorprenden cuando son contactados por un amigo, además de o en lugar del miembro particular de su familia del que querían escuchar. Es por eso que paso tanto tiempo al inicio de cada encuentro preparando a mis clientes sobre el peligro de desarrollar una "amnesia psíquica", y alentándolos a tener sus mentes lo más abiertas que puedan sobre quién los contactará. Después de todo, cuando el teléfono suena, no sabemos quién está del otro lado (a menos que tengamos un identificador de llamadas, y no siempre funciona). Una mujer aprendió la lección muy para su sorpresa y deleite, cuando vino a una sesión espiritista grupal:

"¿A quién le pertenece una energía masculina que viste un abrigo largo y blanco, un estetoscopio y se hace llamar Alan? Él se fue repentinamente—dolor fuerte en el pecho—un ataque al corazón" dijo Suzane.

Miré alrededor y vi que nadie reclamaba este premio. ¿Podría ser para mí? Mi boca no se movía, pero eventualmente escuché las palabras salieron de mí, diciendo: "Creo que esa persona es mía".

Suzane levantó su cabeza en dirección a mí, pero no abrió sus ojos. Empezó a ladear su cabeza y a burlarse de mí con un tono sarcástico, diciendo: "¡Bien! Dijo que era hora de que hablaras".

Me reí tímidamente porque sabía en mi corazón que me estaba conectando con alguien a quien amaba realmente y de quien nunca había podido despedirme. Continuó validando que ambos trabajábamos en el campo médico.

"Él quiere que sepa que lamenta no haber podido decir adiós. Fue demasiado inesperado". Luego preguntó si yo comprendía este mensaje, y le dije que sí.

Su siguiente declaración me aferró al asiento: "Ustedes tenían un debate constante mientras estaba vivo, ¿cierto?" Y respondí: "Cierto". "Bueno, él quiere que sepa que usted estaba en lo cierto y que él estaba equivocado. ¿Comprende esto? Por supuesto que lo comprende" Luego, Suzane se recostó en su silla y estuvo tranquila por cinco segundos. Luego sonrió y dijo: "Él se está riendo, y quiere que lo sepa" Me preguntó si quería decirle algo. Yo no estaba preparada para esa pregunta y dije: "Por favor, dígale que lo extraño y que lo quiero" Ella sonrió y dijo: "Puede decírselo usted misma, pero él ya lo sabe".

En ese momento, sentí que si me hubieran regalado un millón de dólares no hubiera sido nada en comparación con lo que había vivido. Mi amigo Alan había muerto repentinamente de un ataque al corazón. Yo había hablado con él dos días antes y habíamos intercambiado bromas sobre nuestros planes para el fin de semana, y yo dije que lo iría a ver la semana siguiente. Y luego falleció. No pude decir adiós, simplemente se fue. Mi duelo fue terrible porque éramos como familia. Suzane cerró mis heridas trayendo nuevamente a Alan a mi vida.

Cuando terminamos, una persona del grupo giró hacia mí y me preguntó cuál era el debate que tenía con mi amigo médico.

Yo mire a Suzane, sabiendo que entendería, y respondí que el tema de nuestro debate era si existía vida después de la muerte.

Algunas veces, un "amigo" toca nuestras vidas brevemente en un momento particular de nuestras vidas y cambia la trayectoria de nuestro camino. Una vez que la conexión se establece, nunca se rompe, sin importar cuánto tiempo pase, y el vínculo dura más allá de esta vida. No hace mucho tiempo tuve el privilegio de validar esta conexión inquebrantable gracias a un cliente.

Cuando era adolescente, conocí al ministro Padre G, quien "habló a mi alma". Me conecté con él de inmediato, había algo fantástico sobre su fe y su espiritualidad. Él me aconsejó brevemente, pero no teníamos la misma fe y las circunstancias me alejaron de su iglesia. Con los años, muchas veces pensé en él, y cuando escuché que había muerto en Connecticut, inmediatamente lo incluí en mi "círculo" familiar de muertos y comencé a hablar con él, rezándole y preguntándome si él sabría cuánto significaba para mí. Él había abierto una puerta para mí porque había sido gracias a él que mi "búsqueda spiritual" había comenzado.

Durante la sesión, Suzane trajo a una "conexión de Connecticut". No tengo ningún contacto en Connecticut, nunca lo tuve. Cuando la conexión comenzó a hablarle a Suzane sobre el significado de su "vestimenta", comencé a sospechar que podría ser el Padre G. Pero tenía mis dudas, ya que no éramos allegados en vida. Cuando Suzane preguntó qué era lo significativo que estaba alrededor del cuello del hombre, supe que era él. Le dije que era el collar de ministro del Padre G, y cuando preguntó si había conocido a este hombre en un punto importante de mi vida, supe, sin dudas, que era él. Suzane trajo la inicial de su apellido y el hecho de que era un fumador compulsivo. Yo estaba segura de que era el Padre G, y me sentí consolada y tranquila al saber que ahora él sabe lo que no supo en vida, que su amabilidad y espíritu influyeron grandemente en mí y me pusieron en un camino espiritual.

Estoy muy agradecida por la sesión con Suzane. También vinieron otros parientes. La conexión con mi madre y otros parientes confirman el vínculo que existe entre nosotros aquí en la tierra y aquellos que han partido. Sin embargo, el hecho de que el Padre G— alguien con quien estaba conectada de manera espiritual más que "oficial"—viniera y llegara a mí, de alguna forma, es una confirmación mayor del vínculo que existe entre los vivos y los muertos.

Los vínculos son los vínculos, ya sean "espirituales" u "oficiales", ya sea con alguien que vemos todos los días o con alguien con quien cruzamos caminos y luego continuamos. De la misma forma, la familia siempre es la familia, estén o no en el plano físico, por lo tanto, aquellos con quienes estamos conectados por vínculos diferentes a los familiares, siguen conectados con nosotros de una vida a la siguiente. Siempre hay un motivo para continuar con esta conexión.

Me gustaría pasar algún tiempo para responder una pregunta que me realizan constantemente. Quiero dedicar un poco de tiempo de redacción a un supuesto que la mayoría de la gente hace sobre los médiums, y, en mi caso, sobre las personas que hablan con quienes han fallecido.

Yo paso por los duelos como cualquier otra persona. No soy inmune a ellos. Nadie puede esperar escapar del dolor, porque nadie está exento.

Además, yo también tengo un programa para el alma, como todos los demás. No, no puedo hablar con quienes quiero—llamándolos—que están del otro lado cuando tengo ganas. Muchas veces también necesito la ayuda y algunas señales, y paso por el mismo dolor que usted cuando pierde a alguien cercano. De cualquier forma que lo mire, sin importar quién es usted, una pérdida es una pérdida. Déjeme contarle una historia personal.

Tenía una amiga que era, probablemente, una de las personas más cercanas a mí, y que no era parte de mi familia inmediata. Había conocido a esta mujer por 25 años y habíamos compartido un vínculo que había cruzado los confines de la definición—más que una hermana. Ella estaba casada y tenía hijos. La conocí inicialmente cuando fui a Long Island para un seminario y ella estaba allí con su hijo de nueve años quien, a esa altura, escribía historias sobre experiencias extra corporales, y las contaba en la escuela. Nos vinculamos rápidamente y yo fui a trabajar con ella y los otros, y a cambio, ella me invitaba a cenar.

Durante los más de 25 años de amistad, obviamente compartimos nuestras historias más íntimas. Supe que había quedado embarazada a los 17 años y que en ese momento la forzaron, por ser madre soltera, a abandonar a su hijo, un varón. Era algo que nunca había superado y finalmente, en un punto en su vida, su hija del presente matrimonio la convenció de que comenzara a buscarlo.

Ella colocó un aviso en un sitio web en Internet, pensando en encontrarlo ¡Y lo logró! Según supimos, él también la estaba buscando. Él había crecido en el barrio y durante un tiempo le había repartido diarios a ella. ¿Cuáles son las probabilidades de que esto ocurra?

Luego llegó a un punto, hace un poco más de un año, en el que ella comenzó a sentir un dolor en la parte inferior de su abdomen y dijo que parecía como si estuviera embarazada. Le dije que debía ir a un médico de inmediato, y ella hizo una cita con el doctor. Fuimos juntas y le encontraron un gran tumor cancerígeno. Debían operarla con urgencia. No pude estar con ella durante la cirugía porque estaba viajando, pero aun así me comunicaba con ella a diario.

Cuando finalmente volví y fui a verla, me encontré con que de cada parte de su cuerpo salía un tubo. No podía entender cómo una persona podía soportar algo así.

Lentamente pudo regresar a su hogar y su hermana fue a vivir con ella. Los doctores habían hecho todo lo posible para quitar el tumor y mi amiga estaba convencida de que se había ido, a tal punto que convenció a muchas personas de que era así. Yo iba y venía de la ciudad, y debo remarcar la actitud de su hermana, quien permaneció con ella todo el tiempo, negándose a abandonarla. Estoy segura de que esto significó mucho para mi amiga porque no había sentido mucho amor durante su vida.

El último verano murió de cáncer en el ovario. Esto rompió mi corazón y es el día de hoy que intento comprender y procesar el sentimiento de pérdida. Yo, como usted, intento entender la razón. Era muy triste pensar que había tenido un hijo tan joven y había tenido que abandonarlo, casi desde el útero, luego pasar por una histerectomía y después el cáncer de ovario. Más tarde supimos que la hermana de su madre había muerto de la misma causa.

A medida que transito este período de cambios, me parece extraño no poder levantar el teléfono y llamarla, como hice durante los últimos años. También es extraño no encontrarme camino a su casa en Long Island. La mayor parte del año pasado estuve de viaje. Ansío muchísimo mi propia conexión y me pregunto cuándo vendrá, pues parece ser que no tengo una línea directa.

Estaba en Hawaii el último noviembre para una conferencia y, una tarde, conducía por la ruta, relajándome. Tenía conmigo un CD que alguien me había regalado para mi cumpleaños con la banda sonora de la película Cider House Rules. Amo esa película y su música, y, a medida que escuchaba, pensaba en mi amiga.

Repentinamente, el CD comenzó a reproducirse más lentamente y luego con mayor velocidad. Luego, se detuvo. Lo saqué y lo volví a colocar. Las primeras veces no funcionó, y luego comenzó a sonar nuevamente, sin interrupciones, hasta finalizar la pieza musical a la perfección. ¡Y luego lo noté! ¡Maestra, escucha lo que enseñas! Estaba pensando en mi amiga, y ella me estaba señalando que estaba allí conmigo. La película era sobre un niño y un orfanato, una situación muy similar a la de ella cuando tuvo que abandonar a su hijo al nacer. Estacioné al costado del camino y dejé que las lágrimas rodaran por mis mejillas mientras decía: "Gracias".

Desde ese momento sigo el viaje planificado y arreglado por mi editorial. Ahora, si usted piensa como yo que las coincidencias son la forma que tiene Dios de ser anónimo, quiero decirle que debo ir a la ciudad donde la esposa del hijo de mi amiga va a dar a luz a su nieto, luego debo ir a la ciudad donde sus cenizas fueron liberadas, justo un año después de este evento, que actualmente estoy en Kansas, donde se encuentra uno de sus hermanos, y mi siguiente destino es una ciudad en Texas, donde vive su otro hermano.

Recibo las señales que me envía, y sé que ella está cerca de mí. Y yo seguiré trabajando en mi proceso de duelo, como cualquier otra persona.

¿qué sucede con los animales?

Generalmente me preguntan "¿Dónde están las mascotas?" y mi respuesta es que están "dando vueltas" en el mismo lugar que los muertos humanos. Muy a menudo en mis seminarios, conferencias y sesiones espiritistas aparecen mascotas. Los visitantes más frecuentes son los perros, pero también vienen gatos y pájaros, y parecen divertirse (del mismo modo que probablemente lo hacían aquí abajo).

Pueden ser extremadamente persistentes y saben, del mismo modo que los muertos "humanos" cuándo alguien en este plano necesita saber de ellos. Recuerdo una sesión espiritista durante el último invierno en la cual aparecieron tres perros en un lado de la sala, aunque solo dos fueron reconocidos por mis clientes, a pesar de la información específica que entregué, incluyendo el hecho de que el perro que no fue reclamado había sufrido de problemas urinarios en sus últimos días. Recién unos días después, una mujer se dio cuenta de que el visitante no reconocido había sido el West Highland terrier blanco de su mejor amigo, quien había fallecido algunos meses atrás por fallas en el riñón. En ese momento, llamó a su amigo para hacerle saber que su amada Angie estaba bien.

Los animales son parte de un grupo de almas. Los animales tienen almas, pero no "evolucionan", en el sentido de que un gato o un perro no tomarán forma humana en la siguiente vida. Los animales, como los humanos, siempre serán parte de su propia especie de almas. Entonces, si usted quiere "volver" como el perro de alguna persona, debe olvidarse de esa idea.

Sin embargo, los animales domésticos, particularmente los amados y mimados, suelen permanecer con su familia humana del otro lado, y, dado que sus vidas son más cortas que las nuestras, pueden volver como otro animal de la misma especie, para volver a unirse con nosotros en este plano—siempre y cuando sea el deseo del animal y del humano con quien está conectado.

Para muchas personas, la pérdida de la compañía de un animal puede ser tan, o más, devastadora que la pérdida de un ser amado, y el alma del animal parece entenderlo. En muchas de las ocasiones en las que he podido conectar al dueño de una mascota con su compañero en espíritu ha sido tan movilizador, si no más, que otras conexiones que he podido establecer entre familiares y amigos.

El pasado octubre, mi perro de 17 años y mejor amigo, Larry, falleció y yo estaba devastada. Comencé a utilizar las grabaciones de meditación de Suzane durante los fines de semana. Comencé a "ver" más en las meditaciones y luego vi a Larry; primero sus ojos, luego me saludaba en cada meditación. Fue un gran regalo por haber escuchado a Suzane: cualquiera puede hacerlo, las mascotas vuelven, porque todo tiene que ver con el amor.

En la última primavera me registré para un pequeño seminario con Suzane. Fue una de las mejores experiencias de mi vida, y probablemente haya cambiado mi vida para siempre. Antes de asistir al seminario, medité y le pedí a mi familia que trajera a Larry, para validar lo que había visto y cómo lo había visto, y que la meditación hubiera sido "real".

Sentí un poco de vergüenza al haber puesto el nombre de Larry en el papel, mientras otros esperaban escuchar de sus padres, hijas, e hijos trágicamente perdidos. Pero Larry me había salvado la vida diez años atrás, y era como mi hijo.

El hombre que tomó el nombre de Larry, dijo que sentía un dolor en sus piernas y escuchó "Ben". Suzane dio más información, incluyendo el hecho de que estaba siendo traído por un hombre (que luego descubrí que era mi guía principal) y mi madrastra, quien lo había traído. Luego siguió con otra persona, pero antes giró abruptamente hacia mí "¿Está oscuro en el lugar en el que vives? ¿Tu casa es oscura?", preguntó. Supe de inmediato lo que quería decir: Todos los días veo a Larry en mi meditación en una pequeña escotilla, como una cueva pequeña o una gran conejera. Eso era exactamente lo que necesitaba saber. ¡No podría haber escrito ese guión! Luego dije: "Ahora sé el nombre— ¡es Bear! Larry era Larry oficialmente, pero en la familia, era conocido con muchos sobrenombres—Lawrence, BooBoo, Bear.

Así, el hombre que tomó mi papel, había obtenido su nombre. Y Suzane también trajo a mi madrastra que había fallecido trágicamente un año después de que mi esposo y yo nos casáramos. Ella tenía un vínculo especial con Larry y le decía que podía "decirle" abuela, a pesar de que los últimos años de su vida ya estaba sorda y ciega. Su amor por él y por su familia, yo incluida, la mantuvieron en este mundo mucho más de lo que su cuerpo hubiera querido, y la convirtió en una figura prominente en nuestras vidas.

No habría seguido teniendo fe en lo que veía en mis meditaciones si no hubiera sido por Suzane. Este seminario abrió mis ojos a un nuevo mundo y una nueva vida.

Validación tras validación: Puede hacerlo usted mismo. Su animal amado en espíritu, vendrá. Los animales no cruzan solos, al igual que los humanos, y permanecen con sus seres amados del otro lado.

Una consecuencia triste del hecho de que sean animales y que nosotros seamos humanos es que muchas veces tenemos que tomar decisiones difíciles para nuestras mascotas (del mismo modo que a veces debemos tomar decisiones difíciles para los seres humanos que amamos). Esto puede dificultar el proceso de duelo porque podemos llegar a preguntarnos si hicimos lo correcto, si el animal "comprendía" y si nos ha perdonado. Es difícil encontrar un razonamiento en estos casos, aunque sé que existe. Cuando puedo, alivio estas dudas, como lo hice con Joanne, quien se unió a un grupo de profesionales en un retiro en Barbados en el que siempre me siento bendecida.

Desde que recuerdo, siempre tuvimos un perro en la casa. Algunas veces invitábamos al perro del vecino a quedarse. Entonces, cuando tuve la oportunidad de comprar mi propia casa, lo primero que hice fue tener un perro.

Recuerdo haber estado caminando por un mercado de pulgas local y haber visto a una mujer con un cesto de cachorros de un mes de edad—pequeñas criaturas que parecían cachorros de oso. Los cachorros más adorables que pueda imaginar, pero uno de los cachorros se destacaba. Cuando la levanté, supe que vendría a mi casa conmigo. La llamé Chewie Bear.

Con los años dejó atrás su aspecto de oso, pero no su personalidad juguetona. Era una perra amorosa y siempre estaba a mi lado. Pasaron los años, y aceptó con amor a otros dos perros que traje a mi casa, y compartió el espacio con ellos.

Cuando Chewie cumplió 13 años, comenzó a mostrar signos de su edad. Su pierna derecha no podía soportar su peso y tenía varios problemas digestivos. Un mes antes de su décimo cuarto cumpleaños, no podía verla sufrir tanto por el dolor. Siempre le había pedido a Dios que cuando llegara el momento, se la llevara mientras dormía. Pero no fue así. A medida que caminaba hacia la veterinaria cargando a Chewie, sabía que tenía que quedarme con ella hasta el último momento. El doctor me dijo que primero le daría un sedante para calmarla. Sentí su cuerpo relajándose en mis brazos a medida que empezaba a dormirse. Entre lágrimas, acariciaba su pelo y le decía que todo estaría bien. La siguiente inyección calmaría su dolor. Y así se fue. La abracé y le dije adiós. Los siguientes días lloré hasta enfermarme ¿Cómo podría perdonarme Chewie?

Unos meses después, vi en el sitio web de John Edward que habría un retiro en Barbados. Era justo lo que el médico me había ordenado. Llamé a mi hermana que había perdido a su marido recientemente, y la convencí fácilmente de venir conmigo.

Antes de dejar mi casa, pensé que nadie que estuviera del otro lado querría contactarme, por lo que iría a relajarme y a apoyar a mi hermana. Pero muy dentro de mí, secretamente esperaba que alguien me dijera que Chewie estaba bien.

Mi primera sesión grupal fue con John. Muchos animales vinieron esa noche, incluyendo un caballo, pero no Chewie. Cuando le pregunté a John por qué, dijo que era algo de "ellos" y que si alguien se podría contactar a mi perra, seguramente fuera Suzane. Mi sesión con ella fue la última del retiro.

Me preparé para lo mejor o lo peor. Suzane caminó entre la sala, estratégicamente colocándonos en los asientos correctos.

No pasó mucho tiempo cuando Suzane anunció que sentía la presencia de un perro de tamaño mediano con mucho pelo. Me preguntó si mi perra tenía algún problema en el corazón, y cuando le conté que era yo quien tenía el problema, ella me dijo: "Tu perra dice que te cuides". Luego me preguntó si Chewie había estado enferma y la había dormido. Cuando le dije que sí, me dijo que ella quería que supiera que estaba bien y que comprendía. Todo el dolor en el corazón que había tenido por meses finalmente se aliviaba. Hasta ese momento, no sabía si había hecho lo correcto y me sentía culpable por ello. Dejé a Suzane esa noche con paz en mi corazón porque sabía que Chewie realmente había estado allí.

Aún pienso en Chewie todo el tiempo, e inclusive me ha visitado en una ocasión. Algunas veces, por la noche, la siento acostada a mi lado en la cama. Sé que está feliz y que está corriendo como un cachorro nuevamente.

Por fin mi Chewie ha vuelto a su casa.

el amor está donde lo encuentre

Nadie puede decir a quien debemos amar y a quién no, o de quién debemos aceptar amor. Todas las conexiones de amor mejoran y enriquecen nuestras vidas de una forma u otra. Independientemente de qué tipo de conexión de amor sea, llega por una razón. Cuando perdemos a un ser amado, pasamos por un duelo, y nadie debería tratar de decirnos por quién, cuándo o cuánto tiempo debemos llorar. Me molesta mucho escuchar a la gente decir: "debe superarlo" o "es tiempo de que continúe". El duelo es un viaje personal.

Sin embargo, debemos aprender de nuestro duelo. Si no lo hacemos, no podremos crecer. Nuestra alma quedará atascada en el pasado y, sea cual fuere la lección que debíamos aprender en esta vida, deberá ser aprendida en la siguiente. El proceso de duelo extiende nuestras almas. Si no tuviéramos que amar profundamente o experimentar las pérdidas, no estarían aquí, ni habría razón para ello. Nuestros seres amados en espíritu—sin importar quiénes son—lo saben y quieren ayudarnos a continuar.

Así, debemos estar siempre abiertos a aceptar el amor y la guía en donde lo encontremos, ya sea de un esposo con quien esperamos volver a reunirnos, un amigo que tocó profundamente nuestras vidas, o un animal que nos brindó su lealtad y amor incondicional.

Todos nacimos para amar. Es el principio de la existencia, y su único fin.

— BENJAMIN DISRAELI

en conclusión

Donde hay libertad de elección, hay libre albedrío, y la primera elección que hacemos, incluso antes de llegar a este plano, es la de quiénes serán nuestros padres, lo que significa que, en efecto, elegimos el camino de nuestras vidas. No tendríamos libertad de elección si no hubiera una razón relacionada con la evolución de nuestras almas. Si bien puede no quedar completamente claro para nosotros mientras estamos en la tierra, el camino que elegimos está determinado por la lección o experiencia que nuestra alma debe completar antes del siguiente nivel kármico mediante el cual podrá continuar el viaje de evolución. Espero que haya aprendido un poco más sobre cómo se manifiesta el programa para el alma en su vida, cómo las decisiones que toma ante las circunstancias de la vida pueden tener consecuencias, y pueda aceptar un poco más que todo ocurre por una razón. Así también, espero que comience a ver cómo los encuentros con la muerte y la comunicación con aquellos seres amados que han fallecido pueden clarificar y afectar profundamente la trayectoria de su alma aquí en la tierra.

Dado que cada muerte nos afecta de manera diferente, y que nuestras relaciones con aquellos seres amados que han fallecido nos ayudan a determinar el tipo de aprendizaje que debemos experimentar, me gustaría que, al terminar de leer este libro, tenga un poco más de paz y comprensión sobre la muerte, la vida después de la muerte, y los eventos que ocurren en su vida. Ninguna muerte pasará sin dejar marcas en nuestras vidas, y el hecho de cómo cambia nuestra vida en cada una de estas circunstancias puede ser la lección más profunda de todas.

Nuestros seres amados en espíritu—los muertos—están aquí para ayudarnos en lo que puedan. La razón es que su amor no deja de existir por más que hayan fallecido. Si bien ellos terminaron su vida en este plano, se toman un tiempo de su viaje para volver y tocarnos desde el mundo espiritual. Incluso si nuestra relación con ellos fue difícil o turbulenta mientras estaban con vida, su energía y amor nunca mueren. No solo es su deseo sino también su deber hacernos saber que están bien y que no deberíamos permitir que su muerte evite que continuemos con nuestras propias vidas.

Si aún no ha tenido ese contacto con su ser amado del otro lado, no se preocupe, ya llegará el momento. Las comunicaciones con el mundo de los espíritus siempre son abstractas, simbólicas y abiertas a la interpretación, y aquellos que tenían dificultades para expresar sus sentimientos o clarificar sus pensamientos en vida, no cambian repentinamente para convertirse en grandes comunicadores estando muertos. Pero sí se comunicarán con usted si lo necesita o es su deseo—en algún punto, en algún momento. Nosotros, los vivos, podemos dificultarles la comunicación "haciendo oídos sordos" o negándonos a escuchar lo que tienen para decir, simplemente porque no dicen exactamente lo que pensamos que dirían, o de la forma en la que queríamos escucharlo.

Siempre les aconsejo a las personas que resuelvan sus problemas mientras sus seres amados aún están presentes. Todas las personas que llegan a nuestras vidas están allí por una razón: porque tienen algo que enseñarnos, porque tenemos algo para enseñarles, o porque los viajes de nuestras almas han tomado una trayectoria similar: y haríamos bien si intentáramos aprender esas lecciones en vida en lugar de llevarlas a la siguiente. Desafortunadamente, no siempre es posible. Pero sé, con certeza, que pese a las preguntas que pueda tener sobre el camino que su vida ha tomado, existe una razón para ese camino y las preguntas obtendrán sus respuestas cuando crucemos al siguiente plano.

Estamos en un momento de decisión. ¿Permaneceremos en una vida satisfecha, en un lugar de negación e ignorancia, y de asuntos no resueltos? Este tiempo nos llama a cada uno de nosotros a dar un paso hacia adelante en la dedicación a nuestros seres amados, nuestras relaciones y nosotros mismos. Somos llamados a aprender a vivir y hablar con verdad y amor, compasión, comprensión y perdón – tanto para los demás como para nosotros. Estamos en el límite de lo viejo y lo nuevo, la luz y la oscuridad, la ilusión y la verdad, la aventura y la complacencia ¡Creo que es maravilloso! No hay dudas de que existe una razón para que estemos en este momento. Nosotros mismos lo hemos creado.

Mientras estoy aquí, considero que el poderoso don que he recibido viene con una responsabilidad, la cual es dar amor y vivir el amor que existe en este plano. Esa es la esencia de mi trabajo. Creo que la lección más importante que podemos aprender del hecho de lidiar con la muerte y la vida es que todos somos responsables de demostrar cuidado, compasión y amor. Los muertos lo saben, y espero que, habiendo leído este libro, usted también lo sepa y comprenda mejor el poder y la paz que pueden derivar de la energía del amor, así como también pueda comprender que todo ocurre por una razón.

sobre la autora

SUZANE NORTHROP es una médium reconocida internacionalmente y experta en duelos. Descubrió su "don" siendo pequeña, y por más de 30 años ha utilizado su don para ayudar a reducir la distancia entre el mundo de los vivos y el mundo espiritual. Suzane contribuye de manera única al cuerpo creciente de literatura sobre la comunicación con las almas que han cruzado hacia otro plano. En lugar de simplemente relatar historias extraídas de su trabajo, ella tiene la misión de expresar su conocimiento de que todos los que estamos en la tierra, en esta vida, estamos aquí por una razón, y esa razón es completar una parte del eterno viaje de nuestras almas.

Además de este best seller, *Todo ocurre por una razón* (ya publicado en 4 idiomas) y *Segunda oportunidad: Mensajes sanadores desde el más allá*, Suzane rompió un nuevo récord con su último lanzamiento, *El recetario de una médium: Recetas para el alma*. En este libro, Suzane comparte consejos y herramientas para liberar su propio poder para conectarse con sus seres amados.

La vida después de la muerte, la serie televisiva de Suzane, nominada a los premios Emmy, ha capturado la imaginación y los corazones de millones de personas de Estados Unidos y Canadá, **demostrando el talento sin comparación de Suzane como médium y su profundo impacto en aquellos que experimentan su trabajo.** El *Programa radial de Suzane Northrop* sigue alcanzando nuevas y maravilladas audiencias cada mes en el blog Talk Radio Network.

Suzane ha sido invitada a cientos de programas de radio, revistas y diarios, incluyendo el *Entertainment Weekly, The New York Post, Women's World, NY Daily News, The Advocate, y National Enquirer*. También ha participado de programas televisivos populares y documentales de noticias, tales como *Extra, Entertainment Tonight,* MSNBC, National Enquirer TV, The History Channel, *The Bill O'Reilly Show, Fox News,* The Discovery Channel, *The Leeza Show, The Regis y Kathy Lee Show, y Good Day New York*.

Además de las muchas conferencias, seminarios y eventos que realiza cada mes en el mundo, Suzane también se encuentra en el Instituto Omega de Estudios Holísticos, y es apoyada por Medicina Integrada Scripps.

Suzane ha sido una consultora experta en numerosas agencias de investigación, incluyendo los departamentos policiales de las ciudades de Nueva York, Washington D.C., Hartford, Connecticut y Los Ángeles. También participó y fue miembro activa, aconsejando sobre sus duelos a las víctimas de la tragedia del World Trade Center en Nueva York, en 2001.

Suzane sigue realizando sesiones, consultoría, escribiendo y dirigiendo su programa de radio cada mes, y actualmente está trabajando en su nuevo libro y proyectos televisivos.

Puede conocer más sobre Suzane Northrop y sus próximos eventos, visitando su página web en www.SuzaneNorthrop.com.

www.ingramcontent.com/pod-product-compliance
Lightning Source LLC
Chambersburg PA
CBHW050301010526
44108CB00040B/1997